PAROLES KALI'NA

PAROLES KALI'NA

Entretiens avec deux Amérindiens d'en France

Thomas Appolinaire

Félix Tiouka

Textes établis et présentés par Jean-Ugo Pandolfi-Crozier

Pour la présente édition :

© 2018, Pandolfi-Crozier

Édition : BoD – Books on Demand,

12/14 rond-point des Champs-Élysées, 75008 Paris.

Impression: BoD - Books on Demand, Norderstedt, Allemagne

ISBN 9782322104949

Dépôt légal : mars 2018

A Mailana, sa famille et son peuple

Les kali'na, ou « Galibi », comme ils ont longtemps été appelés par les Français, sont un des peuples amérindiens les plus importants du plateau des Guyanes, présent au Venezuela, au Guyana, au Suriname, en Guyane française et au Brésil sur la rive occidentale de l'Oyapock. L'histoire coloniale a rattaché ces rameaux du peuple kali'na à des ensembles différents (espagnol, anglais, hollandais, français, portugais), mais ils conservent en commun l'usage de la langue et un grand nombre de traits culturels.

Gérard Collomb - Félix Tiouka

Na'na Kali'na, une histoire des Kali'na en Guyane

Entendre, enfin...

Intégralement et fidèlement retranscrits pour la présente édition, les deux entretiens qui constituent le cœur de ce livre, datent du siècle dernier, de la fin du XXe siècle.

Nous sommes en 1989, à Cayenne, Guyane française, Amérique du Sud. Mes deux interlocuteurs, Thomas Appolinaire, 31 ans, et Félix Tiouka, 33 ans, sont deux citoyens français qui affirment leur droit à demeurer Amérindiens. Ils sont Kali'na. Ils sont les premiers responsables amérindiens de l'émergence politique des peuples autochtones de la Guyane française. Ils portent des revendications radicales fondées sur la demande de reconnaissance des droits des premiers occupants, et, partant, du droit à la terre et à la souveraineté sur celle-ci.

Nos entretiens eurent lieu dans un petit réduit désaffecté des bureaux de la station de service public RFO le 19 mai et le 10 juin 1989. A l'abris des regards. La caméra utilisée avait été « empruntée » à RFO avec l'accord verbal du directeur de la station. Refusant l'utilisation d'un studio d'enregistrement, celui-ci avait accepté l'emprunt d'une caméra à la condition de « rester discret » (sic).

Enregistrées en vidéo, qualité broadcast, en vue d'un documentaire destiné au service public audiovisuel qui ne se réalisera jamais, ces paroles face à une caméra ont une portée relevant d'un temps long et d'un traitement du passé propres à la pensée amérindienne kali'na. Ce qu'elles nous disent de particulier sur la place prééminente du peuple kali'na dans l'histoire coloniale et moderne de la Guyane comme ce qu'elles nous font entendre d'universel sur les liens à la Terre ou les expressions contemporaines de revendications culturelles et politiques, imposait que les mots soient sauvegardés et les paroles transmises. Ces entretiens n'en sont pas moins à comprendre dans le contexte particulier du temps de leur collecte : la fin des années 1980, en France.

Mépris et cinquième centenaire

Cinq ans après l'Adresse au gouvernement et au peuple français, discours historique fondateur, prononcée par Félix Tiouka à Awala en 1984 et dont n'existe nulle trace audiovisuelle publique, l'expression politique des Amérindiens de Guyane n'a toujours pas sa place dans les hiérarchies de l'information et le management des programmes des professionnels, exclusivement blancs ou créoles, de l'audiovisuel public.

Les revendications foncières et culturelles de six peuples autochtones n'intéressent personne. La création par décret en 1988 d'une commune en terre kali'na, Awala Yalimapo, vaut une brève ou mérite tout au plus un sujet d'une minute trente dans le JT régional d'un soir.

Ignorance, mépris, silence : les ingrédients de cet intolérable cocktail ne sont pas le fruit de la « créativité » des détenteurs des différents échelons du pouvoir médiatique. Ceux-ci n'inventent rien, jamais. Ils reproduisent les ignorances, les mépris, les silences d'une société française dont les fractures les plus criantes sont exacerbées à l'extrême dans le laboratoire ultra périphérique qu'est la société multi-ethnique guyanaise. Dans l'hexagone comme dans les outre-mer de France, le formatage de la doxa ne laisse aucune chance aux interrogations profondes que pose à la Nation une toute petite minorité de ses citoyens autochtones. Dans la République indivisible, les amérindiens français sont invisibles et condamnés à le rester.

A la fin des années 1980, les temps sont au rythme du commémo-marketing, aux célébrations, aux constructions de romans nationaux et planétaires : après 89 en France et le bicentenaire de la Révolution, l'Europe s'apprête, pour 1992, à dépenser onze milliards de dollars, exposition universelle de Séville comprise, pour célébrer avec des fastes insolents le cinquième centenaire des débuts de la conquête chrétienne de l'Amérique.

Par le feu, par le sang, l'unification du monde s'est faite avec le plus grand génocide de l'histoire humaine (Lumeau, 1991). Les mémoires européennes entendent à présent passer à autre chose et les catholiques qui demandent en 1992 au pape Jean-Paul II une « célébration pénitentielle » ne changeront rien.

En Espagne, le 12 octobre, le Jour de la Race (*Día de la Raza*) n'a plus cours depuis 1958. La fête de l'hispanité qui le remplace est abandonnée en 1987 pour la dénomination de fête nationale. Résistances amérindiennes aidant, dans tous les pays hispano-américains, le *Colombus Day* évolue et se transforme : au Chili en 2000, en *Día del encuentro de Dos Mundos*, en Jour de la diversité culturelle américaine en Argentine, en Jour de la Résistance Indigène, en 2002, au Venezuela sous la présidence d'Hugo Chavez.

Lancé en 1989 par l'UNESCO, le projet visant à commémorer la découverte de l'Amérique par Christophe Colomb en 1492 multiplie les éléments de langage destinés à calmer les colères amérindiennes et les contestations internationales face à une entreprise mémorielle européocentriste et triomphaliste. La version politiquement correcte de la célébration de l'*annus mirabilis* ne fête plus le cinquième centenaire de la découverte, mais celui de la rencontre de deux mondes.

La célébration de la rencontre entre l'Europe et le Nouveau monde - soulignait alors la brochure officielle de l'UNESCO - *représentait une occasion unique d'évoquer les circonstances et les conséquences de cet échange entre des peuples et des cultures et les transformations qui en ont découlé.*

A la veille des fastes européens de 1992, à Awala-Yalimapo, des familles kali'na n'avaient toujours pas pu faire le deuil des familles kali'na transportées en 1882 et 1892 au Jardin d'Acclimatation pour satisfaire la curiosité parisienne.

Porteurs du bon message

Tout en se défiant des médias donnant - comme le dit en 1989 Thomas Appolinaire - "une mauvaise image du monde amérindien", les fondateurs de l'Association des Amérindiens de Guyane Française (AAGF) estiment à la même époque que les médias peuvent être d'un "grand secours" à leur cause s'ils "montrent la réalité du monde amérindien et font passer le bon message". Le choix que Félix Tiouka et Thomas Appolinaire font en mai et juin 1989 d'accepter l'enregistrement de longs entretiens face à une caméra est une première. Elle est audacieuse et risquée pour ces leaders amérindiens qui ne sont guère rompus à un tel exercice. Leur audace n'en est pas moins réfléchie et assumée. Elle coïncide aussi - et ce n'est pas un hasard du calendrier- avec une étape capitale de l'évolution du droit international : l'adoption à Genève le 27 juin 1989 des 44 articles de la Convention 169 de l'Organisation Internationale du Travail (OIT) relative aux peuples indigènes et tribaux.

Autochtones et citoyens, entre un douloureux passé et leur participation au devenir d'une « guyanité » qui se cherche, Thomas Appolinaire et Félix Tiouka sont de ces transmetteurs de mémoire, de ces porteurs de paroles dont l'action a permis à la communauté Kali'na de prendre possession de son histoire et, au-delà du peuple Kali'na, aux peuples autochtones de Guyane de pouvoir réaffirmer aujourd'hui avec force leur identité et leurs droits.

La rencontre avec le monde indien n'est plus un luxe aujourd'hui avertissait en 1971 l'écrivain Jean-Marie Le Clezio [Haï]. *C'est devenu une nécessité pour qui veut comprendre ce qui se passe dans le monde moderne.*

Quelques trente-trois ans plus tard, les discours d'un Président de la République française pouvaient donner l'illusion que la décolonisation des droits allait se mettre en marche : *La cause des Peuples autochtones [...] rejoint les grandes questions de notre temps* déclarait Jacques Chirac, le 23 juin 2004, en recevant à l'Elysée une délégation de représentants amérindiens. *[…] Il est temps que la particularité et la dignité de vos nations soient affirmées et protégées en droit international. Il y va du respect que l'humanité se doit à elle-même […] La façon dont le monde moderne saura reconnaître et aborder la question des Peuples autochtones témoignera de son aptitude à faire naître une étape nouvelle du progrès humain.*

Thomas Appolinaire que la photographie de très mauvaise qualité choisie en couverture de ce livre montre marchant à Paris sur le parvis des droits de l'homme, prédisait en 1989 qu'un jour la France serait mûre, à même d'accepter en son sein des femmes et des hommes citoyen(ne)s et autochtones à la fois.

La France aura mûri disait-il.

Ces mots me hantent encore. Sans cesse. Toujours.

Pourquoi ? Parce qu'ils interpellent chacun(e) de nous et qu'il serait criminel de ne pas les entendre.

Durant l'année 2017 qui a marqué le dixième anniversaire de la Déclaration des Nations Unies sur les droits des peuples autochtones, la liste des vingt revendications rendue publique par le Conseil Consultatif des Populations Amérindiennes et

Bushinengé est accablante pour la République : elle atteste cruellement que les exigences amérindiennes vieilles de bientôt quarante ans sont toujours, hélas, d'actualités.

Il est temps d'entendre en France, d'entendre enfin, les voix autochtones de nous les plus proches et, parmi elles, les paroles des Kali'na.

Jean-Ugo Pandolfi-Crozier

Février 2018

Entretien avec Thomas Appolinaire
10 juin 1989

Cinquième enfant de la famille fondée par Germain Appolinaire et Agnès Thérèse, Thomas Appolinaire est né dans le village d'Aouara, aujourd'hui Awala, le 7 mars 1958. Il aura sept frères et deux sœurs.

C'est sa grand-mère paternelle, Yakukulimi, Alexandrine Auguste qui lui donne son nom Kali'na, Mailana.

Militant culturel et politique influent, co-fondateur de l'Association des Amérindiens de Guyane Française (AAGF-EPWWAG) qu'il préside à partir de 1986, Thomas Appolinaire est l'un des artisans majeurs de la création de la commune de Awala-Yalimapo.

Le 13 août 1989, il décède tragiquement dans un accident de voiture sur la route de la Mana. Il était le père de quatre enfants, deux filles et deux garçons.

L'entretien de 70 minutes intégralement retranscrit ici a été enregistré à Cayenne le 10 juin 1989. Depuis janvier 2017, les enregistrements vidéo de cet entretien font partie du patrimoine conservé par l'Institut National de l'Audiovisuel (Ina).

Comment est née l'Association des Amérindiens de la Guyane française ?

Henri Paul[1], Félix Tiouka et moi nous sommes à la base de cette association. Nous avions remarqué à l'époque qu'il y avait un grand vide et qu'il n'y avait pas de gens suffisamment motivés parmi les Galibis, notre ethnie, pour faire passer le message des Amérindiens dans la Guyane. C'est ce qui nous a obligé. C'était une obligation devant les énormités qui se dégageaient en Guyane à cette époque-là.

Nous avons voulu créer une association pour sauvegarder notre patrimoine culturel et notre environnement socio-économique. Voilà un peu l'objet de notre association au niveau Guyane, c'est-à-dire inclure toutes les autres ethnies qui sont au nombre de six, pour contrecarrer, pour faire une parade, contre les élections, les campagnes électorales.

Avec les Wayana, nous avions pris contact avec des gens qui les représentaient tel que André Cognat[2] qui vit avec

---

[1] Premier maire élu en 1989 après la création de la commune, Henri Paul a été le maire d'Awala-Yalimapo jusqu'en 2001.

[2] André Cognat, né en 1938, connu sous le nom d'Antecume, est un ouvrier lyonnais parti vivre en Guyane parmi les Wayana depuis 1961. Antecume est son nom d'adoption parmi les Wayana. Il est à l'origine du village d'Antécume-Pata, sur les bords du fleuve Maroni. Il est l'auteur de deux ouvrages qui ont contribué à médiatiser les problèmes que connaissent les Indiens Wayana : J'ai choisi d'être indien (1967, Flammarion) et Antecume ou une autre vie (1977, Robert Laffont).

eux depuis bien longtemps. Mais il n'y avait pas encore suffisamment de forces pour qu'ils prennent leurs revendications en mains. Ce qui fait que nous, les Galibis, nous étions les dirigeants de l'association. Mais nous pensons regrouper toutes les autres ethnies qui existent en Guyane.

D'où le nom EPWWAG ?

EPWWAG ce sont les initiales des différentes ethnies. Cela rassemble Emerillon, Palikur, Wayãpi, Wayana, Arawak et nous-mêmes les Galibis. Cela fait bien les six ethnies.[3]

En quoi l'association marque-t-elle un tournant ?

C'est un tournant historique puisque nous sommes, l'association, leur porte-parole devant les élus, devant d'autres instances à l'extérieur. C'est cette association qui les défendait contre les projets avec lesquels ils ne sont pas d'accord. L'association existe pour formuler les revendications dans tout le pays, dans la Guyane, mais aussi vers l'extérieur.

---

[3] Les Kali'na (auparavant appelés Galibi), les Wayana, les Pahikweneh (Palikur), les Lokono (Arawak), les Teko (autrefois appelés Émerillons) et les Wayampi sont les six communautés amérindiennes constituant la population originelle de la Guyane à laquelle s'ajoutent deux populations allogènes : les créoles installés il y a deux siècles, et les bushinengé également appelés « noirs-marrons ». Les « noirs-marrons » regroupent les Bonis (ou Aluku), les Saramaka, les N'djuka et les Paramaca.

Quels sont alors les rapports de l'Association des Amérindiens de Guyane Française avec les indiens du Brésil, du Surinam ?

Au départ, en 1981, nous n'avions pas beaucoup de contacts. C'était une association jeune qui avait très peu de moyens. Jusqu'à présent nous n'avons que très peu de moyens, financiers notamment. Mais nous avons beaucoup travaillé sur d'autres plans : éducation, environnement, artisanat.

Quelles actions en matière d'éducation ?

Première action déjà de contacter des chercheurs pour faire une grammaire de la langue galibi et de contacter les autorités compétentes comme l'Inspection académique. En ces domaines nous avons élaboré des projets bien définis tels que l'éducation biculturelle à Awara chez les Galibi tout d'abord et puis remonter ensuite sur les autres ethnies.

Nous avons travaillé avec des chercheurs tels que Grenand[4], Hurault[5] et d'autres. Nous avons beaucoup

---

[4] Françoise Grenand et Pierre Grenand sont anthropologues travaillant en milieu amérindien (Guyane) et métis d'Amazonie (Brésil). Ils étudient les relations homme/milieu/société, à travers l'ethnohistoire, les représentations de la nature, les savoirs locaux et la langue. Françoise Grenand fait partie du Comité de pilotage pour la création d'un Parc national en Guyane. De 1994 à 2000, Pierre Grenand a dirigé les études amérindiennes du programme européen « Avenir des peuples des forêts tropicales » (apft).

travaillé, mais nous n'avons pas eu trop d'échos sur ce sujet. C'est un problème épineux, surtout pour les autorités académiques. Sur ce sujet-là nous ne baissons pas les bras. Il faut toujours continuer. Nous sommes toujours à la recherche d'une solution. Nous irons dans ce sens.

Depuis la création de l'AAGF en 1981 a-t-on évolué vers une plus grande sensibilisation aux problèmes amérindiens ?

Tout à fait puisque dès qu'on annonce l'association pour avoir contact, nous sommes toujours bien reçus. Cela facilite le dialogue. La création de l'association, je pense, a eu beaucoup d'effets positifs par rapport à la société dominante. Je veux parler de l'Etat, du Gouvernement.

Vos propositions sur l'éducation ne sont pas pour autant adoptées ?

Non, on n'a pas encore obtenu…Je vous le disais : on se bat et on n'a pas fini. Mais on aura une solution. Maintenant qu'on a la création d'une commune, cela peut faciliter les choses. L'association des Amérindiens

---

[5] Ingénieur géographe en chef à l'Institut géographique national (IGN), Jean-Marcel Hurault (1917-2005) a marqué la géographie tropicale par la diversité de ses recherches et l'originalité de sa démarche. Le Cameroun et la Guyane française constituaient ses espaces de prédilection.
En Guyane, outre ses travaux de géographe, Jean-Marcel Hurault s'est particulièrement intéressé au destin des Amérindiens.

travaillera d'un commun accord avec la municipalité d'Awala-Yalimapo[6]. Elle aura un poids supplémentaire car nous avions beaucoup de difficultés à faire passer notre message au niveau de l'éducation.

1981 : naissance de l'AAGF.

1984 : premier rassemblement des Amérindiens de Guyane française à Awara.

1989 : création de la commune de Awala-Yalimapo.

Quel a été votre rôle dans cette progression ?

Tout cela c'est grâce à l'association. Parce qu'elle a été le porte-parole de toute la nation amérindienne de Guyane. Ce n'est pas un hasard que lorsqu'il y a des élections on vient nous solliciter, tel ou tel parti.

Nous, nous sommes une association, pas un parti politique, même si nous touchons ce domaine. Mais nous préférons garder toute notre autonomie dans ce domaine. Nous avions mis tout notre poids dans cette bataille pour faire ce rassemblement, déjà pour montrer à la population guyanaise et aux autorités de l'Etat que

---

[6] La commune d'Awala-Yalimapo se situe à l'extrême nord-ouest de la Guyane française, entre la rivière Mana à l'est et le fleuve Maroni à l'ouest (frontière avec le Surinam). Elle a été créée par décret en 1989 détachant une partie de la commune créole de Mana dans l'espace d'implantation des villages d'Awala et de Yalimapo.

ça ne pouvait pas continuer. Il fallait dégager un statut, penser à préserver notre peuple face à l'agression extérieure. C'est pour cela qu'en 1984 nous avons organisé cette grande manifestation à Awara, pour faire comprendre à la Guyane et au monde extérieur que nous existions en Guyane.

Quel regard les Guyanais ont-ils eu sur ce rassemblement ?

Tout d'abord un regard de curiosité et un regard de stupéfaction. C'était bien la première fois que le peuple amérindien était en colère, qu'il faisait jaillir toutes ses revendications, aux yeux de tout le monde. Là, je pense, c'était une grande victoire pour nous.

Le message est bien passé puisqu'il y avait le représentant de l'Etat en la personne du sous-préfet qui avait quitté l'assemblée. Donc le message était bien reçu. Sur ce plan-là nous avons été très satisfaits. C'était une grande victoire. Et en 1988, la commune d'Awala-Yalimapo. En 1981 nous avions beaucoup insisté pour avoir une responsabilité à part entière dans le domaine de la gestion de notre village. Nous avions commencé par Awala pour, de-là, faire partir des messages vers l'intérieur du pays. Il fallait bien commencer par Awala. Tout cela, c'est grâce à la création de l'association. Pour tout cela notre effort n'a pas été vain.

De la création de l'association à celle de la commune, huit années ont été nécessaires. Quels ont été les obstacles ?

Avec le recul, il n'y a pas eu d'obstacles. C'était une volonté politique. Quand nous étions en discussion avec les représentants de l'Etat qui passaient en Guyane, eux, ils voyaient toujours un problème. Alors que maintenant tout s'est passé très vite…Un peu même trop vite puisque nous n'avons pas eu le temps de réagir sur ce plan. C'est surtout une volonté politique avec laquelle tout aboutit, je pense. Maintenant que nous avons la commune, c'est un premier pas. D'autres revendications vont suivre dans les années à venir.

Un jour y-aura-t-il deux, trois, quatre communes amérindiennes en Guyane ?

Pas autant, mais nous avançons vers d'autres créations. C'est notre intérêt. D'ici quelques années nous aurons une ou deux communes amérindiennes supplémentaires en Guyane.

A quel endroit ?

Dans le Haut Maroni, ce qui est important. L'autre, c'est un peu difficile à dire. Tout va dépendre de l'avenir. Je ne peux pas me prononcer, mais à mon avis sur le Haut Maroni il n'y a pas d'obstacles majeurs.

Les autorités locales ne sont-elles pas les plus réticentes à ces revendications territoriales ?

Disons que la création d'Awala-Yalimapo n'était pas une création au niveau des territoires puisqu'en ce moment nous ne sommes pas protégés malgré la création de la commune. N'importe quel citoyen peut venir dans notre zone. Donc ce n'est pas une garantie malgré la création de la commune.

Mais vous ne souhaitez pas être dans une réserve. Vous souhaitez, par exemple, que la commune d'Awala-Yalimapo se développe, s'ouvre sur l'extérieur ?

Je ne raisonnerais pas comme ça. Nous voulons avant tout protéger une zone bien définie. C'est-à-dire que dans la zone d'Awala-Yalimapo, faire constater par le Préfet, il y a le décret de 86, protéger tout à fait cette zone là…Mais comme à l'intérieur de la zone nous formons une même entité avec la commune d'Awala-Yalimapo, c'est là que cela devient intéressant : d'une part, préserver la zone pour l'attribuer aux populations concernées et d'autre part, avec la commune, faire des projets, surtout au niveau touristique.

Le tourisme n'est-il pas un danger ? Comment le concevez-vous ?

Nous voulons faire un projet touristique à Awala-Yalimapo. Mais ce n'est pas pour montrer ou vendre des images aux touristes. Le tourisme, il faut le canaliser. Montrer aux touristes la nature, etc. mais pas forcément les inclure dans la vie quotidienne des villageois. Non !

Vous savez comment vous vendent les marchands de tourisme. Cette image-là, ce tourisme-là, vous n'en voulez pas ?

Si nous voulons nous vendre nous-mêmes, mieux vaut faire ce tourisme-là avec nous. Maîtriser complétement le tourisme en milieu amérindien, cela ce n'est pas un problème majeur. Nous sommes capables de prendre nos responsabilités au niveau tourisme. Mais que des gens extérieurs fassent contre notre gré, là nous ne sommes plus d'accord.

De quels moyens dispose l'AAGF sur ces problèmes économiques ?

Au niveau touristique, c'est un enjeu important pour un pays comme la Guyane qui démarre économiquement. Mais nous-mêmes comme amérindiens nous voulons avoir notre place dans ce contexte-là. Cela signifie, comme je disais, former de jeunes cadres amérindiens pour qu'ils puissent réfléchir sur ce problème-là.

C'est notre grand problème : nous manquons énormément de cadres, à tous les niveaux. Il y a un gros effort à faire sur ce plan-là. Bien sûr nous voulons nous immiscer complétement dans les affaires économico-politiques de la Guyane, mais il faut aussi analyser les dangers.

L'un des dangers n'est-ce-pas d'être « l'indien » des Guyanais ?

L'indien des Guyanais, non. Mais l'indien des Européens, oui. Puisqu'à l'heure actuelle, bien que nous ayons beaucoup de contacts avec les créoles, il n'y a pas vraiment de projets communs pour le développement de la Guyane.

A quoi cela tient-il ?

Cela tient au mépris qu'ont les Guyanais pour les amérindiens. Il n'y a pas tellement de contact. L'indien, c'est quelqu'un qui surgit tout d'un coup. Donc ils sont assez surpris. Il n'y a pas vraiment de projet véritable sur ce plan-là. Quand nous parlons de développement économique, c'est vu par les amérindiens puisqu'on a très peu de contacts avec les instances dirigeantes économiquement.

Il y a un conseiller régional amérindien ?

Nous avons un conseiller régional. C'était à lui de faire tout le travail, de prendre des contacts un peu partout. Mais malheureusement il a été noyé dans les partis politiques, dans la politique politicienne. Cela n'a pas vraiment dégagé un esprit de combativité pour la population amérindienne. Donc il faut penser autrement, c'est-à-dire, je prends l'exemple d'Awala-Yalimapo, qu'il faut faire des structures qui prennent vraiment en charge les jeunes amérindiens, dans tous les domaines, afin qu'ils deviennent chefs d'entreprises, qu'ils exercent des professions libérales. Je parle dans tous les domaines.

Cette voie est-elle possible en préservant l'idéal communautaire qui caractérise votre mode de vie ?

Oui, les deux peuvent être menés ensemble. C'est ce que nous pratiquons à l'heure actuelle. C'est-à-dire que nous voulons prendre nos responsabilités dans tous les domaines tout en préservant notre identité culturelle. Cela est possible puisque cela se voit dans d'autres pays. Par exemple, un pays comme le Japon : c'est un pays très industrialisé, mais ça n'empêche pas chaque Japonais de vivre sa coutume, sa vie quotidienne comme il l'entend, c'est-à-dire de vivre comme il a eu l'habitude de vivre avant l'industrialisation de son pays.

Revenons au fonctionnement de l'AAGF. Le rôle des Galibi à l'intérieur de l'association est déterminant. Cette importance des Galibi n'est-elle pas en même temps la faiblesse de l'association ? Les autres ethnies ne sont-elles pas oubliées ?

C'est-à-dire qu'au départ, depuis 1981, nous avons formé un bureau composé essentiellement de Galibi. Nous n'avons pu faire autrement. Nous manquions d'éléments qui étaient en mesure de comprendre la marche de la société. Mais nous avions mis des gens dans tous les villages des autres ethnies. Donc jusqu'à maintenant nous avons un bureau essentiellement composé de Galibi. Mais comme dans notre politique dans l'association nous sommes favorables à la création de petites associations dans les villages concernés, c'est là que notre travail a porté. C'est-à-dire que nous avons responsabilisé les autres ethnies dans leur propre village, ce qui est une bonne chose.

Vous voulez dire qu'actuellement dans chacune des six ethnies il y a un petit groupe de militants qui fait le lien entre les villageois et l'AAGF ?

Tout à fait puisque les petites associations qui existent dans les autres villages, elles ont été créées dans le but de responsabiliser les villageois, de faire une animation culturelle et surtout de faire le lien entre leur association et l'AAGF pour des revendications plus dures, plus nettes.

Je prends l'exemple de la marche silencieuse. C'était une organisation parfaite puisque presque les six ethnies étaient représentées en l'espace de quatre jours. Sur ce plan-là, je pense que le mouvement amérindien en Guyane a beaucoup progressé et va encore être davantage en progrès dans les années à venir.

Progrès certes. Mais vous n'avez jamais frappé fort sur la table. Ne pourrait-on pas reprocher au mouvement amérindien d'être trop gentil ?

Nous vivons en France dans un pays démocratique où la torture n'est pas visible. Et sur certains plans nous ne pouvons pas avoir des revendications dures. Je prends le mouvement amérindien en Amérique centrale : la guerre sévit, il y a des tortures, des disparitions. Donc le mouvement revendicatif amérindien ne peut être que très combattif. A l'inverse de nous donc. Mais nous avons quand même des domaines où nous pouvons frapper très fort. Par exemple dans le domaine foncier où nous n'avons pas cessé de combattre sur ce plan-là, d'interpeller le gouvernement français, tout le temps.

Sur le problème foncier, le décret d'avril 87 ouvre des possibilités nouvelles. Est-ce un véritable espoir pour les revendications amérindiennes ?

Ce décret ne résout pas la totalité de nos revendications foncières, mais c'est déjà un petit pas que nous acceptons. Nous essayons de mettre ce décret en exécution en Guyane. Nous avons déjà commencé et je pense que dans les prochains mois il y aura quelque chose de concret, notamment à Awala-Yalimapo. Mais ça ne résout pas tous les problèmes. C'est tout juste un petit pas. Parce que nous espérons avoir des revendications plus fermes et plus importantes sur ce plan-là.

Ce décret de 1987 reconnait des zones de subsistance pour les premiers occupants. Comment percevez-vous un texte qui vous accorde des concessions sur un sol qui est le vôtre ?

C'est là toute la contradiction pour les juristes français. Pour nous, la revendication est la suivante : nous voulons avoir des terres sans éprouver le besoin de demander au gouvernement français de nous attribuer par décret des terres. Comme nous sommes les premiers occupants de la Guyane, il est tout à fait légitime que l'Etat français nous donne des territoires pour la subsistance de notre peuple, dans tous les domaines.

Mais de là à faire un décret qui est très limitatif dans son ensemble, ça ne peut pas marcher. Là, pour le moment, nous faisons le jeu du gouvernement français.

C'est ce que vous disiez en 1984 dans l'Adresse au gouvernement français : « nous acceptons encore une fois de jouer le jeu de la société dominante et de ses agents décisionnels ». Un autre choix est-il vraiment possible ?

De toute façon nous sommes pris entre deux feux. Ne pas jouer le jeu de la société dominante, c'est nous mettre à l'écart et refuser le progrès dans tous les domaines.

Faire le jeu de la société dominante, c'est accepter le progrès qui vient dans tous les domaines, participer pleinement aux institutions territoriales, participer aux élections. Tout cela, c'est faire le jeu de la société dominante. Et refuser tout cela, c'est nous mettre à l'écart de cette société, nous marginaliser aux yeux de tout le monde. Donc, à mon avis, l'enjeu, à l'heure actuelle, c'est de participer pleinement à la construction de notre environnement économique, culturel et dans tous les domaines. Et d'autre part, avancer l'idée que nous sommes des peuples à part entière, c'est-à-dire que nous avons notre spécificité : nous sommes amérindiens. Nous avons des valeurs propres. Donc, en ce sens-là, être fermes puisque dans un temps plus ou moins proche nous serons absorbés par la civilisation, la société dominante. Et cela nous ne le voulons à aucun prix. Nous ne voulons pas disparaître. Nous voulons évoluer. Nous voulons nous épanouir en tant que peuple amérindien.

Comme président de l'Association des Amérindiens, quel rapport avez-vous avec ceux qui refusent ce choix vers l'intégration ?

Vous voulez parler des Wayana qui ont refusé la nationalité française. Mais je crois qu'à l'heure actuelle, ils éprouvent le besoin d'acquérir cette nationalité-là. C'est bien beau d'être complétement à part, de refuser telle ou telle nationalité, de refuser la civilisation occidentale. Mais il faut quand même comprendre que nous irons inévitablement vers cette société dominante, vers cette civilisation. Donc nous avons déjà analysé qu'il est possible tout en gardant notre civilisation à nous de jeter aussi un regard sur l'autre civilisation. Cela ne veut pas dire la mort de notre civilisation, loin de là. Côtoyer la civilisation occidentale ou la vivre pleinement, il s'agit de mieux combattre cette civilisation. A armes égales, je veux dire.

Cela veut dire aussi un combat difficile où vous êtes minoritaires ? Y-aura-t-il 2500 Galibi en l'an 2000 ?

En l'an 2000, plus que ça. Nous pouvons approcher les 10 000 amérindiens en l'an 2000 sur l'ensemble de la Guyane. Donc c'est un faible taux, mais je pense qu'avec ça nous pourrons travailler. Nous pouvons espérer mieux par rapport aux progrès de la médecine. C'est sur cela que l'association aussi se penche. Avoir une couverture médicale bien solide parmi la population. Il y a encore beaucoup de mortalité infantile. Donc il faut remédier à ces problèmes-là.

Dans chacune des six ethnies, la remontée de la courbe démographique est-elle nette ?

Oui, la courbe grimpe. C'est une très bonne nouvelle. Mais il faut aussi penser que si les Noirs Marrons ont une natalité plus forte, c'est qu'ils ont gardé leur coutume de ce point de vue-là. Tandis que les amérindiens ayant beaucoup de contacts avec la civilisation, avec le monde moderne, les amérindiens surtout galibi, vivent en ville. Ils sont pris dans l'engrenage de la vie citadine. C'est-à-dire qu'à l'époque une famille avait huit à dix enfants. Maintenant, ils n'en font que deux. Ils ont rejoint complétement le modèle français : avoir deux enfants et puis tranquille. Tout cela parce qu'il n'y a pas eu de sensibilisation dans les villages, pas eu de développement économique pour arrêter les villageois qui auraient pu rester chez eux et qui finalement viennent subir la misère en ville puisqu'ils n'ont pas de qualification professionnelle, pas un niveau d'études très élevé. Donc ils rentrent dans le prolétariat.

L'association rassemble des indiens vivant en forêt, des indiens vivant en ville et des indiens vivant dans les bidonvilles des périphéries urbaines. Quels sont les problèmes les plus aigus pour ces derniers ?

Il y a deux ans nous avons mené une grande campagne d'information et de sensibilisation. Nous avons expliqué aux villageois qui quittaient leur famille pour venir en ville en quête de travail. Le problème du chômage frappe tout le monde, même les villageois qui sont censés vivre uniquement de la nature, de la pêche et de la cueillette. Le chômage touche aussi bien le créole de Cayenne que le jeune amérindien qui sort du lycée d'Awala. Donc c'est là un très gros problème pour nous parce que quand ils viennent en ville ils semblent perdre leur identité culturelle. Ils s'associent, ils veulent s'intégrer, mais ils sont rejetés par la société créole qui habite en ville. Ils sont en proie à la misère, à l'alcool, la drogue, la prostitution.

Quels sont les Amérindiens les plus menacés ?

Ce sont les Arawak qui habitent à la périphérie de Cayenne, qui n'ont pas de leader, quelqu'un, des gens qui peuvent leur parler des divers problèmes. Ils sont en quête. Ils sont vraiment malheureux. Ils n'ont pas d'identité culturelle. Ils sont à la merci de n'importe qui.

Tandis que pour l'ethnie galibi, je pense, il y a un renouveau. Les gens ont commencé à comprendre. Même chose pour les Emerillon. Ils ont pris en charge leur village. Les Palikur qui se sont réveillés un peu tard, mais qui sont sur la bonne voie. Et puis les Wayana qui restent quand même à surveiller.

Quel type d'actions l'AAGF met-elle en œuvre en faveur de ces deux groupes ethniques, Arawak et Palikur ?

J'ai eu l'occasion de discuter avec des représentants palikur qui ont aussi formé une association. Nous, à l'AAGF, nous ne pouvons pas prendre contact avec leurs représentants et trouver des solutions pour les villages palikur ou les villages arawak.

Sur ce point-là nous sommes assez tranquilles, bien qu'ils aient été vulnérables à un moment donné. Il y a un semblant de solution qui se dessine maintenant.

Sur le plan de l'éducation, qui est le plus maltraité ?

Ce sont surement les groupes qui vivent autour des villes. Je pense encore aux Palikur et aux Arawak. Tant que leurs enfants subissent le même enseignement que les petits français. Sur ce plan-là, il n'y a pas eu un travail concret de fait. J'espère que nous allons arriver à trouver une solution. Nous ne pouvons qu'arriver avec une concertation avec leurs représentants.

Au moment de l'attribution de la citoyenneté française, comment l'aviez-vous ressentie ?

En 1968, j'étais encore gamin. Je n'ai pas saisi l'ampleur en ce temps-là. Mais avec le recul, je suis assez favorable, favorable tout court puisqu'il y a des bienfaits. Il y a l'apport d'éléments nouveaux, du progrès social, d'une intégration, d'un semblant d'intégration. Cela a permis d'ouvrir les yeux, surtout des anciens et des jeunes. Donc en ce moment je peux dire que nous sommes de nationalité française au même titre qu'un Français de l'hexagone. Mais je pense que l'histoire montre que quand on est Amérindien, nous ne sommes pas tout à fait des Français. Il y a quelque chose en nous qui dégage ou des pressions extérieures qui font que nous ne nous sentons pas, nous n'entrons pas vraiment dans la peau d'un citoyen français. C'est ce que je ressens.

Vous ressentez aussi l'ignorance et le mépris ?

Bien sûr, le mépris. Mes enfants, nous-mêmes, nous le vivons quotidiennement. L'ignorance également. Des exemples ? Cela se fait sentir surtout pour nos enfants dans les écoles. Ils subissent le mépris des petits créoles de la ville, du petit français, des enfants des cadres métropolitains qui sont en Guyane. Cela se fait sentir tous les jours. Ils disent : ce petit indien. Cela est courant. Et l'ignorance se fait sentir davantage au niveau de la ville, au niveau des dirigeants. Je pense que les deux sont très ressenties chez nous en Guyane. Deux valeurs que nous vivons quotidiennement.

Ignorance et mépris : deux valeurs que vous supportez ou que vous avez l'intention de supprimer un jour ?

Nous ne pouvons qu'aller dans cette voie-là, dans la voie de la suppression. C'est là justement que se situe le travail de l'association : faire comprendre à la population guyanaise que d'abord nous sommes les premiers occupants de ce territoire. Leur faire admettre que nous sommes dans un monde moderne, que nous sommes, par exemple, en 1989, l'année du bicentenaire de l'égalité entre tous les hommes. Faire un grand mouvement de propagande partout, dans les écoles, à travers la population, à travers les médias, pour faire passer ce message-là : qu'en Guyane qui comprend beaucoup d'ethnies différentes, nous pouvons quand même vivre en parfaite harmonie. C'est là tout le travail de l'association. Nous allons continuer dans ce sens-là, dans une voie de sensibilisation à travers tout le pays.

L'image que l'on a le plus souvent des Amérindiens est toujours loin de la réalité. Que pensez-vous à ce propos du rôle du service public de radio-télévision ?

Je pense que sur le plan des médias, il y a beaucoup à faire et à dire. Je pense que cela a été aussi du mépris. Le service public est à tout le monde. Bien souvent les médias donnent une mauvaise image du monde amérindien. Une image qui n'a pas évolué depuis des années. Il faut effacer cela, donner une autre image. Et je pense que les médias peuvent nous être d'un grand secours, c'est-à-dire rétablir la réalité et faire passer le bon message. Le message a toujours été de montrer le petit amérindien bien sage dans son milieu familial. L'image d'un jeune amérindien qui vit heureux, qui n'a pas de problème. Je pense que la réalité est tout à fait autre.

En Guyane française, c'est frappant, bien que les conditions faites aux Amérindiens soient durcs,

vous avez l'air mieux dans votre peau que les créoles. Les Amérindiens sont-ils plus sereins ?

C'est sûr que nous-mêmes Amérindiens n'avons pas à proprement parler de complexes. Nous vivons quotidiennement, au fil des jours. Nous n'avons pas, dans les villages, le souci de penser au lendemain. Nous vivons quotidiennement. Bien que nous ayons le mépris des autres sur notre dos, nous vivons tranquilles. Je pense que nous sommes heureux. Nous n'avons pas de calculs à faire. Nous sommes à l'aise. Nous sommes bien dans notre peau d'Amérindien. Nous en sommes très fiers.

La sérénité, n'est-ce pas la leçon que les Amérindiens pourraient apporter aux autres ? Et en particulier dans votre conception du politique ?

Il y a beaucoup de sociétés civilisées qui semblent retourner à la mode amérindienne : le contact avec la nature, cette façon de vivre. Il y a des sociétés qui se retournent sur le mode de vie des Amérindiens. Cela se trouve partout, dans les pays nordiques, en France, ailleurs.

Si l'on prenait modèle sur vous, vivrait-on mieux ? Plus heureux ?

Pas plus heureux parce qu'il y a des contraintes de la société moderne occidentale. Mais je pense que la vie aurait plus de sérénité. Il y aurait plus d'équilibre dans les sociétés modernes, un besoin de renouveau. Tout cela mêlé au monde du travail, un monde où l'on peut se donner une vision à l'amérindienne…

Je pense que la vie des occidentaux, des citoyens des pays civilisés, aurait plus de chance d'être en bonne voie, plus stabilisée.

Vous souhaitez que l'on vous connaisse mieux. Quel type de démarches envisagez-vous pour vous faire mieux connaître ?

Nous voulons développer avec l'association des échanges extérieurs, avoir des contacts avec l'extérieur, dans d'autres pays. Ce qui fait notre principal handicap à l'heure actuelle, c'est ce manque d'éléments extérieurs. Nous avons déjà des contacts avec d'autres organisations de par l'Europe, de par le monde. Cela ne suffit pas. Il faut un travail sérieux, que les organisations nous aident davantage. Je veux dire qu'il faut que les autres organisations de par le monde nous aident par leurs informations. Parce qu'en Guyane nous n'avons pas beaucoup d'informations. Les informations ne passent pas. Tandis que peut être en France, à Paris, il y a d'autres organisations amérindiennes qui sont représentées. Avec ces gens-là nous pouvons faire beaucoup de choses. Je pense à des organisations amérindiennes du Pérou, de la Bolivie qui sont très actives. Elles font beaucoup de choses, des conférences, à travers l'Europe. Nous voulons nous aussi aller dans cette voie-là, en ce sens.

Vous avez d'importantes revendications foncières et vous parlez de la reconnaissance des droits de la souveraineté amérindienne. Le jour où vous allez aborder de front cette question de la souveraineté, on va beaucoup parler des Amérindiens français ?

Oui, je pense que tôt ou tard nous allons aborder ce problème. Pour le moment nous n'avons pas encore suffisamment de forces. Je pense que dans les prochaines années, c'est ce problème qui sera soulevé. C'est-à-dire vivre, avoir notre pleine responsabilité dans des territoires bien définis. Il faut que nous ayons nos cadres bien définis dans tous les domaines. Je pense qu'en Guyane, dans un avenir plus ou moins lointain, ce problème-là va se poser. Je pense que ce sera un second souffle pour les Nations amérindiennes de Guyane.

Un second souffle, un tournant, qui pourrait être une étape vers la Nation amérindienne ?

Sûrement, puisque c'est la logique des choses. Puisque dans d'autres pays, d'autres nations sont allées dans cette voie-là. Il y a par exemple au Pérou des nations indiennes qui sont autonomes, qui produisent elles-mêmes ce dont elles ont besoin, qui ont leurs cadres, leurs médecins, leurs enseignants, leurs avocats, dans un territoire bien défini.

Quitte à dialoguer avec d'autres pays souverains, dans l'avenir en Guyane nous ne pouvons qu'aborder ce chemin-là, cette voie. Nous ne pouvons qu'atteindre ces objectifs-là.

C'est le sens de l'Histoire, la Nation amérindienne ?

Tout à fait et d'autant plus que nous vivons dans un pays démocratique. Donc je pense que nous n'aurons pas trop de problèmes à ce niveau. Bien que des faits montrent des problèmes dans d'autres territoires. Mais je pense que la France aura mûri. La France est quand même un pays des droits de l'homme qui comprend tout à fait que c'est dans son intérêt, qu'il n'y aura pas trop de bouleversements et que cela peut se faire à condition d'avoir le courage politique, la volonté politique.

Entretien avec Félix Tiouka
19 mai 1989

Félix Tiouka est né le 19 décembre 1956. Co-fondateur et président de l'Association des Amérindiens de Guyane Française (AAGF) de 1981 à 1986 et de 1990 à 1992, Félix Tiouka a également été coordonnateur général de la Fédération des Organisations Amérindiennes de Guyane (FOAG) de 1992 à 1996.

Premier adjoint de la mairie d'Awala-Yalimapo, il est en 2017 en charge du développement économique, de la coopération régionale et de la communication. Il est également membre du Groupe de travail sur la langue et la culture kali'na.

Félix Tiouka, avec l'anthropologue Gérard Collomb, est l'auteur de Na'na Kali'na, une histoire des Kali'na en Guyane publié en 2000 aux éditions Ibis Rouge.

L'entretien de 91 minutes intégralement retranscrit ici a été enregistré à Cayenne le 19 mai 1989. Depuis janvier 2017, les enregistrements vidéo de cet entretien font partie du patrimoine conservé par l'Institut National de l'Audiovisuel (Ina).

Quelle est l'importance du cachiri ?

Le cachiri ? C'est primordial. C'est de la bière de manioc. Mais ce qui est intéressant, c'est le manioc. C'est lui qui est important. La bière, c'est juste l'environnement du manioc. Si on regarde bien, le manioc c'est ce qui relie les différentes communautés, notamment en Guyane. C'est ce que les communautés amérindiennes ont apporté aux communautés noires réfugiées qui ont utilisé cette technique là pour pouvoir subsister plus longtemps en forêt. Il y a eu un échange à un moment donné.

Est-ce le manioc qui peut faire qu'un jour entre les Boni et les Amérindiens tout aille bien ?

Tout aille bien ? C'est peut-être un grand mot. Je crois que cela peut amener à réfléchir à des actions communes, sur des thèmes particuliers qui peuvent faire comprendre, faire prendre conscience sur l'histoire, sur des événements historiques.

Il arrive souvent que des Blancs et des Créoles refusent de boire le cachiri parce que les Amérindiennes crachent dedans pour le fabriquer ?

Chacun a son mode de vie et donc évolue en fonction de ce qu'il est. Pour nous, ça fait partie de ce que j'appelle l'être humain. Et quand on donne, on ne donne pas à moitié. On donne tout ou on n'a rien. Je crois aussi que le fait de ne pas boire le cachiri, c'est rejeter une culture. C'est un mépris. Mais ça peut aussi tenir à l'ignorance : on ne connait pas bien une culture, pas bien les hommes. On ne comprend pas comment les hommes se sont donnés autant d'éléments historiques avant d'en arriver là. Je crois que c'est surtout ça. Je crois que le cachiri, c'est un élément historique, un élément culturel. Je pense que dans les années à venir cela va encore s'amplifier. De plus en plus, je crois, les jeunes ont besoin, dans une cérémonie, d'avoir un cachiri. Parce que c'est signe qu'ils sont bien, qu'ils ont une identité culturelle qui leur est propre. Et ils sont prêts à le faire connaître. Faire connaître, ce n'est pas facile d'ailleurs. Et c'est vrai que partager un bol de cachiri, ce n'est pas évident.

Ignorance et mépris. C'est de cela dont souffrent les Amérindiens de Guyane française en 1989 ?

L'histoire est constituée d'ignorances et de mépris. Et je pense que toutes les civilisations ont, à un moment donné de leur histoire, soit conforté l'idée du mépris, soit fait évoluer la notion d'ignorance. La société en général cultive encore l'ignorance et le mépris. Parce que cela facilite un certain nombre de choses. Cela ne bouscule pas la démarche systématique des gens. L'ignorance, parce qu'il y a des choses qu'on ne veut pas faire bouger. Le mépris, c'est parce qu'on a un peu tendance à écarter, à dire « c'est des gens qui n'ont pas le même mode de vie ». Alors qu'à travers les siècles, les Amérindiens ont développé des techniques, ils ont montré que leur civilisation s'est adaptée à leur environnement et à leur temps.

Moi, je dis que la civilisation amérindienne a fait preuve pendant des siècles de sa capacité à maîtriser son environnement. Et si aujourd'hui la communauté amérindienne reprend sa force, c'est parce qu'elle a su maîtriser un certain nombre de choses et que le mépris et l'ignorance ont favorisé cette prise de conscience.

Le mépris se sent-il dans la Préfecture de la Guyane française ?

Le mépris et l'ignorance sont présents quotidiennement. On les retrouve partout. Ce n'est pas simplement dans les préfectures. On les trouve aussi chez les gens de la rue qui ne s'intéressent pas à l'histoire alors que ces éléments font partie de leur propre histoire.

De quelles manières les Amérindiens de Guyane française luttent-ils contre cette ignorance et ce mépris ?

Nous, Amérindiens, nous sommes en contact avec la civilisation depuis au moins quatre siècle et pendant toutes ces années nous nous sommes adapté à beaucoup de choses. Et notamment nous avons collaboré, nous sommes devenus des alliés des Français et des Portugais pendant les moments où le territoire était envahi. Ce qu'on oublie de dire quand on parle de l'histoire des Amérindiens en Guyane, c'est que le contact était effectivement très agressif, mais que, par exemple, pour les Français en 1749, les Français ont demandé que les communautés amérindiennes puissent être associées pour combattre les Portugais. Donc je crois que la notion de souveraineté, la notion de Nation, était présente. On peut citer aussi de nombreux éléments historiques qui concernent, par exemple, les Wayãpi qui se sont associés avec les Portugais pour combattre les Brésiliens ou encore, au Suriname, les Galibi qui se sont alliés aux Français pour chasser les Hollandais. Je crois qu'à ce moment-là il y avait déjà une notion très importante qui jouait, c'est la notion de peuple. On s'alliait avec un peuple. Je crois que c'est ça qui motive un peu aujourd'hui ce besoin de s'affirmer. Et s'affirmer, justement, c'est se doter de moyens et d'hommes.

Pour un Amérindien, à partir de quand commence l'histoire ?

L'histoire, c'est tous les jours que nous la faisons, je crois. L'histoire, c'est avant tout l'oral. C'est la parole.

Pour l'Occident, l'histoire c'est avant tout l'écriture. Je crois que pour les Amérindiens l'histoire c'est avant tout la parole. Et c'est à travers la parole que les hommes constituent l'histoire.

La circulation de la parole dans la tribu est donc primordiale ?

Essentielle. Tellement essentielle qu'elle est la base des structures communautaires. Chacun a sa place, un rôle bien déterminé, dans la structure communautaire. Et je crois que pour qu'il y ait harmonie, il faut que chacun puisse cultiver un certain équilibre. Cet équilibre on ne peut l'acquérir seulement que quand on commence à cultiver la tolérance, le respect de l'autre. Les Amérindiens ont développé ce côté, ce respect. Par exemple, vis-à-vis des communautés avec lesquelles ils vivaient dans le milieu géographique. Ceci dit, l'histoire n'est pas seulement faite de journées roses. Il y a eu des journées noires. Les Galibi, c'est connu, on le dit nous-mêmes, l'histoire orale le perpétue, que les Arawak étaient nos ennemis et que pendant longtemps nous avons combattu les Arawak. C'est vrai ! Mais aujourd'hui nous sommes passés à une autre phase, d'union. Et tous les éléments que nous avons pu prendre chez les Arawak nous ont nourri. Ils nous ont donné une autre façon de voir les choses, nous ont apporté une certaine originalité dans la façon de percevoir l'univers, l'être humain que nous sommes.

Sans la présence, sans la force de l'homme…je crois que c'est là que les choses deviennent très importantes parce que c'est l'homme qui constitue la force d'une communauté, d'une structure, d'un peuple ou d'une nation.

Cette force se perdrait-elle ?

La force des peuples amérindiens, des entités amérindiennes, elle était toujours présente dans l'histoire. Et les éléments historiques que l'on commence à posséder actuellement le confirment : le premier grand rassemblement des Amérindiens s'est fait dans la région de la Mana. Nos parents ne nous disent pas exactement à quelle époque. Mais ils s'en rappellent. Nos grands-parents ont été marqués par cela. Donc ce rassemblement a permis de montrer à travers l'esprit combattif qu'avaient les Galibi la possibilité d'union avec d'autres communautés et montrer qu'est-ce qui a servi d'éléments à cette union. C'est là qu'il faut un peu effacer les idées a priori que les gens ont sur les femmes amérindiennes. C'est que la femme a servi à un moment de l'histoire d'élément fédérateur. Ce sont les femmes qui ont permis aux Galibi de pouvoir acquérir certaines techniques. Par exemple, les Galibi, avant, ne connaissaient pas la poterie. C'étaient les Arawak qui avaient la maîtrise complète de cette technique. Au contact de cette population, nous avons appris cette technique. Et comme la population galibi était une population majoritaire qui dominait, les Galibi ont adopté cette technique et l'ont maîtrisée, perfectionnée même.

Dans l'histoire des Amérindiens les alliances jouent donc un grand rôle. Dans quelle mesure ont-elles modifié la mentalité amérindienne ?

Des alliances, il y en avait avant les Portugais, les Hollandais ou les Anglais. Si l'on se réfère un peu à l'histoire orale, les premières alliances s'étaient effectuées avec les Arawak pour une question de survie. Quand l'envahisseur est arrivé, il fallait se regrouper et donc c'est à partir de ce moment-là que la connaissance du milieu, les savoirs des communautés se sont mariés. Mais la notion d'alliance ne date pas du contact avec le colonisateur.

C'est une notion qui fait partie de la culture amérindienne ?

Oui. Puisque si on essaie d'être objectif, le contact s'est fait un peu sur ce que nous appelons le plateau guyanais. Et c'est pour cela que c'est un petit peu gênant pour les

Amérindiens de définir une frontière. Pour les Amérindiens, la frontière n'existe pas. Le plateau guyanais, c'est avant tout ce qui est actuellement le Guyana, le Suriname, la Guyane et ce qu'on appelle la Guyane brésilienne. Donc c'est toute la zone de l'Amapa. C'était donc un territoire que maîtrisaient les populations amérindiennes et notamment les Galibi puisqu'ils sont allés un peu plus loin. Ils ont remonté vers les Caraïbes. C'est là que la rencontre s'est faite avec ce que l'on appelle la nation caraïbe. D'où le nom Caribe. A partir de ce moment, les nations indiennes (parce qu'il n'y avait pas seulement ceux qui vivaient sur le plateau guyanais : il y en avait d'autres, un petit peu dans toute la zone caraïbe) ont été obligées de s'unir. Il y avait donc une certaine alliance qui était créée contre l'envahisseur. Et cela s'est développé et effectivement cela a amené du bon et du mauvais parce que les guerriers caribes se sont adaptés aux modes de luttes. Ils ont appris à tirer les fusils.

Je pense que c'est à travers un apport technique que la mentalité a commencé à changer. Les choses se sont tellement passées vite qu'effectivement le contact des civilisations amérindiennes avec l'Occident a modifié le comportement même des civilisations amérindiennes. La notion de nationalité est apparue. La notion de frontières également. Et tout cela se sont des choses que ne vivent pas les Amérindiens. L'espace a une autre dimension, a une autre signification. Ce sont des choses très importantes et aujourd'hui il faut tenir compte de cela.

Il est très difficile de faire comprendre à un Wayana de ne pas pouvoir aller voir son voisin qui habite au Suriname. Plus on va vers une meilleure connaissance de ce qu'est l'Amérindien, plus il y aura de solutions plus adaptées à ses réalités. Et la réalité, ceux qui la connaissent mieux, ce sont les gens qui vivent et qui partagent. C'est un peu à travers ces gens que les décisionnaires devraient se rapprocher. C'est en collaborant, en travaillant ensemble, que l'on peut, je ne dis pas faire le bonheur de l'autre, mais au moins on peut faire quelque chose qui soit acceptable pour l'un comme pour l'autre.

Avez-vous le sentiment que les autorités font cet effort vers la compréhension de la culture amérindienne ?

La France malgré tous ses principes, les droits de l'homme, a dans sa position et vu l'éloignement de la Guyane, n'a pas tenu assez compte de la spécificité amérindienne. Je suis sûr de l'ignorance des Français concernant l'existence de l'Amérindien dans un département français.

Je crois que c'est important à la fois de donner à ces gens la possibilité de dire ce qu'ils sont et de leur donner aussi les moyens d'affronter l'avenir. Et dans ce sens, la France à travers son administration en Guyane s'est dotée de moyens institutionnels. Le plus connu, c'était le régime de l'Inini, c'est-à-dire la séparation de la Guyane en deux parties : la partie littorale et une partie réservée.

A quel moment se termine le statut de l'Inini ? Avec le passage au département ?

Le régime de l'Inini prend effectivement fin avec la départementalisation. La départementalisation c'est finalement le tournant historique de la population amérindienne parce que c'est à ce moment-là qu'ils choisissent. Enfin, là aussi ça peut faire l'objet d'un grand débat !

Quand la France supprime le statut de l'Inini, quel type de discussion y-a-t-il chez les Amérindiens pour savoir vers quoi on va aller ?

Ce qu'il faut voir, c'est qu'avec la départementalisation on limite l'espace dans lequel vivent les Amérindiens. Et cet espace, il est important pour la communauté dans son ensemble. Mais c'est aussi la structure même de l'ensemble communautaire. C'est fixer dans des limites.

Et dans cette limite, l'Administration a le pouvoir. C'est là que la notion de pouvoir me parait très importante. L'Administration a la possibilité de choisir, d'adapter, vers un système qui se rapproche, à mon avis, plus du modèle occidental. Cela veut dire que les Amérindiens en choisissant de devenir Français ont fait un vrai choix. Parce qu'ils ont choisi : parmi les six entités culturelles qui existent, seuls les Wayana ont refusé la nationalité française. Les autres l'ont choisie. Mais en choisissant, je pense qu'ils ne savaient pas exactement la signification, la notion de patrie, de frontières. Je crois qu'on découvre aujourd'hui et c'est à travers cet instrument que les Amérindiens essayeront d'évoluer.

Avec la départementalisation, c'est aussi l'éducation, l'apport d'une certaine instruction, parce que l'école n'a jamais existé. Donc c'est aussi imposer un savoir. Je pense qu'on ne s'est pas doté de moyens qui auraient permis aux communautés amérindiennes de se reconnaître dans cela. Et malheureusement, comme pour beaucoup d'autres gens issus des colonies, il était malheureux, même scandaleux, d'entendre dire de la part des jeunes amérindiens avoir des ancêtres gaulois. Il est inadmissible…c'était un mépris. L'histoire, elle est là. Et nous les Amérindiens, on a quand même quelque chose à dire.

On ne peut concevoir l'évolution de la communauté amérindienne qu'en l'adaptant, en la portant et surtout en l'écoutant. Choses qu'à mon avis les agents décisionnaires n'ont pas su faire.

N'ont pas su ou n'ont pas voulu faire ?

Je crois qu'il y a les deux. Les Amérindiens ont vécu des phases positives, certes. Je reconnais des actions, par exemple l'action sanitaire, qui ont permis à la communauté amérindienne de remonter la pente s'agissant de la démographie. Par contre, d'autres aspects du système ont été beaucoup plus médiocres. Avec la départementalisation, il y a eu aussi un renforcement de l'évangélisation des Amérindiens et notamment des Galibi. Ce qui a aussi provoqué l'apparition d'autres sectes. On a vu par exemple dans les communautés galibi l'apparition des Adventistes qui ont complétement modifié aussi la structure communautaire, tout ce qu'on veut, l'identité même, y compris un refus de pratiquer la coutume traditionnelle. Tout ça a fait qu'il fallait qu'un jour les Amérindiens disent : nous sommes le fruit de tout un mélange, de mépris, d'ignorance, de refus. Je crois que c'est tout ça qui fait aujourd'hui ce vouloir. Il est né de tout ce constat. Dans cette démarche, je crois, tant les Galibi que les autres communautés se reconnaissent.

L'identité culturelle amérindienne, c'est avant tout une histoire. Mais c'est aussi un environnement dans lequel il faut que les différentes composantes puissent se regarder en face et se dire la vérité. Pour l'instant ce n'est pas encore chose faite. Chacun se regarde. Il faut que chacun se disent : lui, c'est un élément historique ; moi aussi. Je crois que c'est tout cela qui va forger l'identité culturelle guyanaise : un apport des esclaves, des Noirs réfugiés, la communauté amérindienne.

N'est-ce pas une vision un peu idyllique ? Médiatique peut être ? Au fond, en 1989, il y a encore des gens qui peuvent considérer les Amérindiens comme des sauvages ?

Je crois qu'il faut revenir un peu à la notion d'appartenance à quelque chose. En regardant ce qu'il en est aujourd'hui et en posant des questions à beaucoup de jeunes de notre génération. La notion d'appartenir à une nation n'existe pas. Je prends pour exemple quand on arrive dans un village, qu'on demande à une vieille femme, à un grand-père ce qu'il est. Il dit, avant tout, je suis indien. Ça veut dire ce que ça veut dire. Et la nationalité française n'apparait qu'au deuxième degré. Tout ça s'explique. Il faut reconnaitre dans cette démarche une certaine valeur. Cette valeur, elle ne peut provenir que d'une connaissance profonde de soi-même, de ce qu'on est, d'une identité culturelle profonde, ancrée. C'est par cette connaissance que l'on peut dire aujourd'hui qu'il y a une spécificité indienne.

Une spécificité qui se heurte à d'immenses obstacles. Les Amérindiens ne souffrent-ils pas d'une certaine conception politique de l'intégration ?

Il est important de savoir ce que veulent exactement les Amérindiens, autour de quoi ils se constituent, autour de quelles réflexions les alliances se font.

De tout temps, les Amérindiens ont occupé un espace, donc un territoire, et si aujourd'hui nous revendiquons ce que nous sommes, c'est avant tout au nom de la terre que nous le faisons. Tout Amérindien se reconnait avant tout à travers la terre, parce que c'est la terre qui lui donne les éléments de vie. Donc c'est autour du problème foncier que tournent les grands problèmes des Amérindiens. Et nous, nous disons : sans terre, il n'y a pas de culture, sans terre, il n'y a pas de peuple et sans terre, il n'y a pas de nation. Donc il est très important pour nous de défendre et surtout de faire comprendre aux autres que nous avons besoin des terres. Faire comprendre que pour pouvoir survivre - parce que le mot, c'est survivre dans la société dans laquelle on vit – nous avons besoin de concilier la société qu'on connait, qu'on maîtrise, et, c'est évident aussi, qu'on a un petit pied dans l'autre civilisation. Et qu'il très difficile de jongler avec les deux.

Notre terre, nous l'aimons et nous y tenons. **C'est ainsi qu'en 1984 s'achevait l'Adresse au gouvernement et au peuple français lancée à Awara. Le sens de cette parole kali'na, cet amour de la terre, peut-il être compris par un représentant du gouvernement français ?**

La notion de terre n'est pas la même dans les différentes civilisations. Nous, nous avons un système de terre collective. Le système occidental, c'est un système d'individualisme. Et c'est vrai qu'il est difficile de concevoir un système autre que celui qu'on possède. On estime que le système dans lequel on se trouve est le meilleur. Je veux bien, mais c'est aux dépens d'autres systèmes qui ont fait leurs preuves. Si aujourd'hui les communautés amérindiennes sont arrivées à ce qu"elles sont, c'est parce que le système dans lequel elles vivaient était adapté et qu'elles le maîtrisaient.

Ce que nous recherchons finalement, c'est qu'on reconnaisse aux Amérindiens le droit à la terre, le droit de gérer eux-mêmes les terrains et surtout de pouvoir dire à leurs enfants : la terre, c'est notre histoire et notre culture. C'est ça !

La terre dans la conception des Amérindiens, elle est liée à beaucoup de choses. Je crois que c'est vrai, le fonctionnaire, issu d'un milieu tout à fait différent, ne peut pas comprendre, appréhender la réalité culturelle des gens avec cette force qui anime les Amérindiens et pourquoi les Amérindiens sont attachés à cette terre.

Après 1968, quand elle décide la création d'une municipalité amérindienne à Camopi, la France fait un pas. A l'époque, plusieurs ethnologues mettent en garde les Amérindiens sur les dangers que représente l'intégration municipale. Quel regard portez-vous aujourd'hui sur la position adoptée à cette époque par des chercheurs dont Jean Hurault sur la mise en place de communes en milieu amérindien ?

Il faut dire une chose très importante : la France n'a jamais reconnu les Amérindiens en tant que peuple ou en tant que Nation. Elle n'a fait que constater l'existence des communautés qui vivaient autrement. Ce qui est tout à fait différent. Et la Constitution française ne le permet pas. Sinon il y aurait d'autres nations dans le même état. Donc, si on tient compte de cette constatation, c'est un devoir des autorités de donner aux communautés un minimum de choses pour leur survie. Et c'est vrai que le minimum qui existait, auquel vous faites allusion, la création de la commune de Camopi, ce ne sont pas les Amérindiens qui l'ont voulu. Ils n'étaient pas demandeurs. Donc c'est une chose qu'on leur a imposée, un système administratif qu'ils ne connaissaient pas, qu'ils ne maîtrisaient pas. Et on s'étonne aujourd'hui que ça ne marche pas !

Quoi ne marche pas ?

Ça ne marche pas parce que c'est le système qui ne marche pas. Comment voulez-vous que ça marche si on vous donne quelque chose que vous ne voulez pas. Par contre, la démarche est tout à fait différente en 1989 s'agissant des Galibi.

Avec la création de la commune d'Awala-Yalimapo ?

C'est une volonté des intéressés. Cette volonté, elle est profonde, ancrée. Donc la démarche me paraît intéressante et motivante pour les autres communautés.

Quelle est l'histoire de cette démarche ? A partir de quand naît l'idée, la revendication d'une commune amérindienne à Awala-Yalimapo ?

En 1975-76, c'est le plan vert. Le gouvernement Chirac met en place un programme agricole pour la Guyane. Donc des terrains agricoles sont donnés aux agriculteurs. On ne tient pas compte de la réalité existante. On commence à piétiner, même à investir, sur les terrains des Indiens que les Indiens estiment leur appartenir. Aucun des terrains n'appartient aux Amérindiens bien qu'historiquement ils soient les premiers occupants. Devant ce plan agricole il était de notre devoir de réagir.

La communauté amérindienne a quand même pris conscience que son avenir était en danger. Donc c'est un mouvement qui ne date pas d'hier et qui s'est fait petit à petit, avec les structures les plus légères. C'est à travers de ce qu'on appelle - ce que l'on appelait car ça n'existe plus - les capitaines de village qui étaient encore un système administratif imposé aux tribus. Parallèlement, l'éducation, l'instruction, a permis à d'autres gens de pouvoir comprendre le système dans lequel ils vivaient et notamment de savoir comment fonctionnait l'administration. Je crois que tout cela, associé avec une volonté profonde des anciens voyant leurs territoires envahis, a fait que les Amérindiens ont décidé de dire un jour : il faut quand même faire quelque chose.

A partir du plan vert va donc naitre l'idée d'obtenir un lieu, un espace, dans lequel vous allez pouvoir prendre des décisions ?

En 1975, l'administration sur place décide de réserver des zones de chasse, de pêche et de cueillette. C'est ce qui est fait un petit peu dans toutes les communes de Guyane. C'est une démarche tout à fait positive. Ce qu'il faut dire, c'est que définir des zones, c'est limiter le parcours des chasseurs, des pêcheurs. Et donc c'est un peu faire ce qu'on appelle des réserves.

Les réserves, même si c'est affreux à dire, n'étaient-elles pas le moyen de vous protéger d'un certain nombre de gros appétits ?

Oui, effectivement. Toutes ces actions avaient pour finalité de préserver un espace nécessaire aux communautés. On est tout à fait d'accord là-dessus. Mais il faut dire aussi que c'était également la façon de sédentariser les populations et donc de donner, de fabriquer une nouvelle mentalité des Amérindiens.

En disant, par exemple, moi, j'appartiens à telle commune…Tout cela c'est quoi ? C'est ramener le problème des terres au problème politique alors que pour nous c'est avant tout un problème juridique qui se pose. Et de là, il en découle plein de choses. La reconnaissance des terres, à mon avis, c'est avant tout un problème qui doit se régler avec des gens qui connaissent véritablement les besoins réels.

Concernant les revendications foncières, vous avez toujours réclamé une étude approfondie sur l'évaluation des territoires. Où en est cette étude ? A-t-elle été engagée ?

Il faut être réaliste, pragmatique. Je crois que la première chose que l'on peut dire, c'est qu'on n'a pas besoin d'études puisque l'ensemble du territoire est historiquement acquis aux Amérindiens. Les événements historiques ont voulu que d'autres populations s'installent. Donc là aussi, on a développé un sens de l'accueil. C'est pour ça qu'on nous a remerciés d'ailleurs !

Les surfaces ont été délimitées administrativement. Ces délimitations n'ont pas tenu compte des besoins réels des communautés. C'est avant tout une volonté politique. Et la politique, on sait ce que c'est. C'est pour cela que nous, nous essayons d'en faire très peu, parce que c'est un peu diviser les gens.

Quand est apparu le système politique, les villages se sont divisés. On parlait de droite, de gauche, de ceci, de cela…Alors que la quasi-totalité des gens ne savaient pas exactement de ce dont il s'agissait. Mais en contrepartie, il faut essayer d'analyser le droit de vote. Cela a donné un outil, un outil nouveau que les Amérindiens essaient de maîtriser maintenant. Parce qu'il y a des communes où il y avait une forte population d'Amérindiens et qu'ils pouvaient, à mon avis, à cette époque diriger, comme d'autres, une mairie. Donc ça aussi, c'est un outil. Mais ça ne veut pas dire que le problème des terres était résolu. Et je crois que le cas de la nouvelle commune est le même : nous n'avons pas résolu le problème des terres. La commune, c'est simplement un outil qui permet à une communauté de pouvoir s'affirmer, avant tout administrativement, et avec ça de développer sa spécificité culturelle. Donc aller vers une intégration dans la société dans laquelle elle va vivre.

Vous disiez en 1984 dans votre Adresse au gouvernement français[7] : *Nous, peuple EPWWAG, acceptons encore une fois de jouer le jeu de la société dominante.* **Un autre choix est-il possible ?**

Si on revient un petit peu à l'histoire, ce n'est pas nouveau. Il y a des communautés qui ont fait le jeu des colonisateurs et l'histoire est faite de telle sorte qu'il y en aura encore.

Notre but, c'est d'aller vers le chemin de l'unité entre les différentes communautés, de s'affirmer et de se reconnaître dans cette unité. Je crois que c'est à travers

---

[7] L'intégralité de l'Adresse au gouvernement et au peuple français prononcée par Félix Tiouka à Awala en 1984 est fournie en Annexe 1 du présent ouvrage.

cette volonté que les Amérindiens pourront véritablement dire tout haut ce qu'ils sont. Le rassemblement de 1984 est un tournant dans l'histoire parce que nous sommes arrivés à mettre autour de la même table des communautés qui se faisaient la guerre. Aujourd'hui, nous pouvons parler de nos problèmes, notamment le problème de la terre.

Le problème des terres n'est pas spécifique : il unit. La terre est la force des communautés amérindiennes et je dirai même des communautés noires réfugiées parce que leur système est aussi semblable. C'est en unissant les deux forces, deux histoires tout à fait parallèles, qu'on pourra faire l'Administration sur ce problème des terres.

En Guyane française, il y a des Amérindiens, les Wayana, qui refusent de jouer le jeu de la société dominante. Dans votre analyse, refuser ce jeu est-ce faire le jeu de la société dominante ?

Je crois que les Wayana ne font pas le jeu des agents décisionnels. Ils ont choisi d'être ce qu'ils sont. Nous, par notre histoire, on a été amené à revoir notre position. Nous sommes quand même, les Galibi, en contact avec la civilisation depuis trois à quatre siècles.

C'est vous, Galibi, qui avez la plus vieille connaissance des Blancs ?

Effectivement. Le contact nous l'a permis.

Diriez-vous que c'est cette pratique du Blanc qui a fait des Galibi le fer de lance ou l'avant-garde du mouvement amérindien en Guyane ?

Dans tout groupe il apparait à un moment des hommes qui s'imposent. Ça aussi, ça ne date pas d'hier. La structure communautaire est régie chez les Galibi et la place du chaman est fondamentale, très importante par rapport aux simples Galibi. Il est le possesseur d'un savoir. C'est lui qui transmet la mémoire. Donc tout cela ça s'apprend. C'est à travers la connaissance des individus qu'on arrive à définir qui pourra, qui est à même de parler en connaissance de cause de sa propre culture et de la défendre. Donc les Galibi, par le contact, sont effectivement amenés à parler. Au nom des Galibi d'abord, puis, c'est vrai, au nom de tous.

Je crois que le mouvement est en mutation. Chacune des communautés découvre en son sein des hommes et des femmes qui seront amenés à prendre des responsabilités. Il faut toujours des hommes qui arrivent à la bataille, qui bataillent.

Depuis que l'association existe, la place des Galibi ne diminue-t-elle pas la place des autres groupes ethniques ?

Il y a eu des moments noirs dans l'histoire des Galibi. La situation géographique n'a pas permis aux différentes communautés de pouvoir se rencontrer et cela a duré assez longtemps. Ce caractère de vouloir aller plus loin, c'est aussi si l'on veut ce qui caractérise le Galibi : vouloir aller rencontrer l'Autre. Je disais tout à l'heure que les Galibi ont occupé tout le plateau continental. Ils étaient obligés de rencontrer d'autres communautés et ces communautés ne possèdent pas la même langue d'ailleurs. Nous on dit : les Galibi, nous avons une langue au même titre que le français ou l'anglais. Et il est très important pour nous de la préserver parce que, cela aussi, c'est une partie de notre histoire.

Cette langue actuellement, elle se préserve ou elle se perd ?

Il y a une mutation de la langue. De la même manière que l'on retrouve beaucoup de mots qui viennent de la langue amérindienne - qu'elle soit tupi-guarani ou caribe- la langue galibi à l'inverse introduit beaucoup d'éléments, surtout techniques. Je pense que c'est la langue qui est en mutation.

Par contre, ce qui est important à dire : est-ce que nos enfants parleront cette langue ? Parce que le système éducatif est fait pour que nos enfants ne puissent plus parler notre langue.

Quelles sont les revendications de l'Association des Amérindiens en matière d'éducation ?

Cela peut se résumer en un mot : adaptons le système éducatif à la réalité locale. Pour cela il faut mener une réflexion pour comprendre ce que sont les communautés en général. Et c'est par la connaissance que l'on pourra opter pour des programmes dans lesquels il y aura une place pour l'histoire, la géographie…

Où sont les obstacles à cette adaptation du système éducatif ?

Le système éducatif, c'est avant tout un système régi par des principes et surtout par des lois. En acceptant de devenir Français, nous avons postulé pour une instruction française. Là, ce sont des choses sur lesquelles les Amérindiens n'avaient rien à dire. On a imposé un système. C'était bon ou pas. C'était : on fera sans vous ou avec vous. L'Administration, c'est connu, c'est une machine très lourde et très lente. Donc pendant des années l'éducation a été ce qu'elle était. La même que celle qui était dans…

Dans la Creuse, en Île de France ou en Nouvelle-Calédonie ?

C'est en voie de changement parce que les intéressés se sont prononcés sur les besoins réels. Ça aussi c'est une volonté des gens intéressés.

Dans la commune (faut-il dire amérindienne ?) d'Awala-Yalimapo, les progrès sont-ils nets en ce domaine ?

Beaucoup de gens disent : c'est une commune amérindienne. Moi, je dis : par la population, effectivement. Qu'on essaie de voir de près : c'est une commune comme toutes les autres. C'est la même structure administrative. Les mêmes pouvoirs sont donnés au maire, les mêmes pouvoirs sont donnés par les conseillers. Donc c'est autre chose : ce sont simplement les hommes qui changent. C'est vrai que les hommes sont des Amérindiens. Mais le système, c'est un système régi par la Constitution. Il ne faut pas se faire d'illusions.

C'est un système et un outil aussi. Comme pour n'importe quel citoyen ?

De ce côté-là, je crois qu'il faut essayer de peser le pour et le contre. Effectivement c'est un outil qui permet à des communautés de pouvoir s'exprimer, de faire avancer un certain nombre de choses. Mais d'un autre côté, on peut dire que les communes c'est aussi le moyen le plus sûr d'intégrer ou d'assimiler un autre groupe. Donc il y a les deux. Il faut voir. Soit on va complétement vers l'intégration. Soit on s'isole. Je crois qu'aujourd'hui la communauté a choisi le juste milieu.

Le danger de l'intégration n'est-ce pas aussi dans les années qui viennent d'avoir des notables amérindiens qui feront le jeu de la société dominante ? N'est-ce pas cela qui attend l'Amérindien qui cherche à maîtriser l'avenir ? En faisant de la politique, on joue le jeu. Quelle marge entre jouer le jeu et faire le jeu ?

Elle est assez réduite, même très réduite.

Moi, ce que je dis c'est qu'il faut aller vers une nouvelle conception de ce qu'est la politique. Surtout ne pas copier la politique de l'Autre. Nous avons une certaine originalité, une certaine perception de l'économie, une autre vision de l'environnement. Et c'est cela qu'il faut faire évoluer, adapter. C'est pour ça que je dis : un bon politicien, c'est celui qui connait bien sa culture.

Y-a-t-il en Guyane et en France des hommes politiques qui connaissent bien la culture des Amérindiens ?

Silence. Félix Tiouka ne répond pas à ma question. Nous marquons une pause.

Voudrais-tu faire de la politique ?

Faire de la politique ? Je crois que tout le monde en fait un peu. La politique, ça se fait tous les jours. Et je crois que pour ma génération on en a fait un peu déjà avec le système des homes. Une certaine révolte. Prendre conscience.

Les homes sont les structures que les missions catholiques ont mises en œuvre pour l'éducation des enfants amérindiens ?

Le système des homes, c'est une arme à double tranchant. C'était d'un côté prendre des enfants dans les milieux dans lesquels ils vivaient et les soumettre à une éducation religieuse très poussée. Et tous les gens qui sont responsables aujourd'hui ont vécu cette période. Donc ça aussi c'est un facteur qui a permis à beaucoup de jeunes de prendre conscience. Le refus de pratiquer ce qu'on est, c'est ça ! On a imposé à des familles entières de ne plus pratiquer les cérémonies traditionnelles. Donc ça a enlevé une partie de ce que nous sommes.

Enfant, tu as connu le home ?

Oui. J'ai bien connu…

Comment as-tu vécu cette coupure, cette censure ?

On arrachait les enfants de leur milieu et ça à partir de l'âge de trois à quatre ans. Et après, c'était un régime, un mélange de religion mais un peu militaire aussi. Parce qu'il fallait obéir à des principes religieux, surtout religieux.

Le petit Galibi, le petit Wayana…Il y a encore des systèmes de home en pays wayana, en pays wayãpi.

C'était, par exemple, empêcher un petit Galibi de manger avec sa main. De lui dire : bon à partir d'aujourd'hui, tu vas manger avec une fourchette. C'était modifier. C'était lui dire : ta connaissance historique, spirituelle, n'a aucune valeur à nos yeux et que pour être un bon chrétien il faut que tu viennes vers nous.

Cela se dit-il encore en Guyane ?

Ça se pratique encore. Des homes, il en existe chez les Wayana et chez les Wayãpi à Saint Georges de l'Oyapock.

Quel est le rôle de votre organisation sur ces questions ?

Il faut aller au fond des choses. Il y avait cet aspect déracinement culturel. Mais il y avait aussi l'autre face du système home. C'est qu'on versait de l'argent à l'organisme pour pouvoir nourrir les enfants. C'était une façon d'irresponsabiliser les gens sur ce que l'on pourrait appeler la gestion familiale. Toutes les allocations familiales, du moins les aides sociales, étaient perçues par le clergé. Ensuite, avec la rupture du système des homes, on a versé directement les allocations familiales et là aussi d'autres aspects négatifs sont apparus, avec la notion d'argent.

Par exemple ?

L'apparition de la notion d'argent, chose qui n'est pas courante chez les Amérindiens, donc la notion de gérer. Qui dit gérer, dit consommer. Tout cela a entrainé une consommation forte des Amérindiens. Acheter plus…Cela a été encore un plus vers l'intégration de la société de consommation. Mais d'autres communautés ont utilisé d'autres modes. C'était le cas par exemple pour les Wayãpi pour lesquels on a formé une structure associative en disant : tout l'argent que vous avez va transiter par une association. Ce qu'il faut dire, c'est que sur ces associations ce ne sont pas les Amérindiens qui avaient le droit de regard, qui étaient maîtres. C'étaient souvent des hommes politiques, bien connus d'ailleurs, qui faisaient passer l'argent et qui récupéraient l'argent sous d'autres formes en leur donnant des cartouches, des moteurs, des trucs. C'est une pratique courante. Tout cela, je crois que les Amérindiens en ont pris conscience. Ce sont des facteurs qu'il ne faut pas négliger. C'est pour cela que je dis que la prise de conscience des Amérindiens est liée à l'environnement qui a existé, qui est présent. Tout ça a fait qu'aujourd'hui nous sommes devant ce constat. Il faut faire un état des lieux et essayer de repartir sur de nouvelles propositions.

L'état des lieux, en chiffres, c'est aussi un petit nombre d'Amérindiens. Combien en 1989 ?

C'est dix pour cent de la population. Voilà ce que nous nous disons. C'est toutes les communautés confondues. Là, il faut être honnête, la France, dans le cadre de sa politique sanitaire, a fait quelque chose de bon. Je crois qu'il fallait aller plus loin. C'est long, mais je pense qu'il faut aller vers ces objectifs en réalité. C'est qu'il n'est pas seulement bon d'améliorer la condition sanitaire des hommes, il faut aussi que les hommes se forment. Les communautés les plus reculées de Guyane c'est à Trois Sauts, à quelques jours de pirogue. Il faut former des hommes qui soient aptes à apporter un plus à la communauté. Et je crois que dans ce cas, il y a eu un petit décalage. Il faut former des gens qui connaissent bien le milieu, qui parlent la langue. C'est la même chose pour l'éducation nationale : il faut former des instituteurs qui connaissent bien le truc et qui peuvent apporter un plus. Aujourd'hui, la plupart des instituteurs sont des gens qui débarquent directement de Paris et qui sont mis dans un milieu tout à fait différent, qu'ils ne connaissent pas. Ils sont perdus. Avec ça, comment voulez-vous qu'il y ait un rapport ?

Il y a d'un côté nécessité d'une adaptation du système éducatif aux réalités amérindiennes. Mais d'un autre côté il y a aussi des instituteurs issus des communautés qui ne veulent pas d'un poste dans certaines communes de l'Académie ?

Je crois que c'est avant tout dû à un problème de structures. Tout un chacun, nous aspirons à un certain bien être, un certain confort. Et si un minimum de choses n'est pas réuni, on ne pourra pas faire venir les gens vers nous. Le problème est beaucoup plus large.

Il y a une dizaine d'années, il n'y avait pratiquement pas de revendications. Aujourd'hui, les Amérindiens de Guyane française avancent vers la prise de décisions. Vont-ils finir par poser des problèmes de choix de société ? Les quatre à cinq mille Amérindiens de 1989 ne sont-ils pas un modèle à rejeter d'abord parce que leur modèle ne peut que déplaire à la société occidentale ?

On va élargir la discussion. Il faut préserver les Indiens parce qu'il y a un côté qui peut nous rapporter. Ce côté cliché, exotisme, tourisme exotique, il est présent. On a raison de maintenir les communautés dans des structures telles qu'elles existent.

Des structures qui les protègent ?

Qui les protègent, mais ça aussi c'est un autre aspect…

Vous n'êtes pas maîtres de ces structures ?

Non. Il est évident que les Amérindiens ne maîtrisent pas ces structures.

Par exemple, j'ai appris que l'amende pour avoir pénétré dans une réserve indienne est de 75 Francs français. C'est-à-dire une somme dérisoire que le voyagiste peut facilement intégrer au prix du voyage…

Continue…

Ce n'est qu'un exemple de structures qui existent. Mais sans plus et sans vous. Un exemple de mélange entre protection et laxisme. N'est-ce pas la grande hypocrisie de la République française à votre égard ?

Oui, mais je ne veux pas le dire comme ça. Je dirai même plus…On ne prostitue pas sa culture. Et je crois que le tourisme, c'est un peu ça. C'est pour cela qu'il faut que nous fassions très attention. Développer l'économie, de l'artisanat par exemple, c'est aussi perdre toute sa valeur. Et il faut en être conscient. Au nom de l'argent, on ne peut pas… Comment dirai-je ? L'argent ne doit pas primer sur ce qu'on est.

Dans ce département français qu'est la Guyane, crois-tu que beaucoup de gens pensent comme toi ?

Je crois qu'il y a beaucoup de gens qui commencent à réfléchir et qui se disent que c'est beaucoup plus intéressant que ce soient les concernés qui puissent proposer une autre forme d'économie. Donc c'est ça prendre en main véritablement son avenir, élaborer des choses dans lesquelles l'ensemble des gens se reconnaîtront, faire évoluer la mentalité.

Il ne faut pas non plus se faire d'illusion. La société amérindienne est en train d'évoluer et il ne faut pas se figer, pas rester dans le cadre stérile qu'est l'Amérindien avec des plumes. Il apparait une autre génération d'Amérindiens qui sont conscients et qui peuvent tenir le même langage que celui qui est en face de lui. Je crois que c'est vers ça que nous allons.

Est-ce le premier pas vers l'Egalité ?

L'Egalité, c'est un grand mot. Et ça ne se vérifie pas souvent. Les Amérindiens en 1969 ont voté pour l'Europe. Etaient-ils conscients de ce qu'ils étaient ? Le droit de vote, c'était simplement un jeu, parce qu'ils ne savaient pas pour quoi, pour qui, ils votaient. Ce n'est pas parce que l'on a le droit de vote qu'on est à égalité avec le citoyen de métropole. La réalité est tout à fait différente. Elle est beaucoup plus pesante, très lourde, difficile à gérer. Et il est très difficile pour des gens qui décident de Paris de pouvoir comprendre ce que c'est la réalité, vivre la réalité amérindienne en cette année 89. Cela touche à une autre dimension de la vie d'homme.

Plus proche de l'être humain ?

L'être humain fait partie de l'environnement et quand on regarde un petit peu ce qui se passe dans le monde, l'homme avec un grand H se rapproche de plus en plus de son environnement. Donc il a besoin de ça. Je dis que dans cette optique, les communautés ethniques constituent un modèle dont les sociétés industrielles doivent s'inspirer. Pouvoir équilibrer la présence de l'homme et à la fois profiter de ce que donne la nature…Ce n'est pas donné à tout le monde.

De l'émergence historique de la parole politique amérindienne en Guyane française au début des années 1980 aux engagements du gouvernement français envisageant la reconnaissance des peuples autochtones lors des évènements de Guyane de mars-avril 2017, les textes fondamentaux sont divers, très nombreux et souvent complexes qui concernent les peuples amérindiens de la collectivité territoriale de Guyane.

Loin d'être exhaustif, obligatoirement restreint, le choix des éléments annexés retenus ici s'efforce de livrer cependant quelques éclairages indispensables. Textes fondateurs du mouvement amérindien en Guyane française, chartes et conventions juridiques internationales, évolutions contradictoires et bricolages du droit français sont autant d'éléments incontournables pour la compréhension des exigences amérindiennes d'aujourd'hui dont les paroles kali'na, depuis quatre décennies, rendirent possible la liberté.

Annexe 1 : Adresse au gouvernement et au peuple français (Awala - 1984)

Discours prononcé par Félix Tiouka le 9 décembre 1984 à l'occasion du premier Congrès des Amérindiens de Guyane française à Awala en présence des autorités administratives locales et de l'État.

Première prise de paroles d'un autochtone, cette adresse historique a été éditée l'année suivante par Survival International (France) dans sa revue trimestrielle Ethnies, droit de l'homme et peuples autochtones, parue dans son Volume n°1 (numéro double de juin-septembre 1985).

NANA IÑONOLI

NANA KINIPINANON

IYOMBO NANA ISHEMAN

Nous, peuple EPWWAG acceptons encore une fois de jouer le jeu de la société dominante et de ses agents décisionnels en vous présentant aujourd'hui cette déclaration de principe concernant l'ensemble de nos revendications territoriales, économiques, sociales et culturelles.

Connaissant fort bien notre situation de dominés pour en vivre quotidiennement les difficultés et humiliations, nous sommes conscients des conséquences du geste que nous faisons car nous savons ce qui est arrivé à d'autres groupes autochtones qui ont amorcé ce processus de revendications avant nous. Cependant, après avoir longtemps réfléchi et examiné sous différents angles notre situation actuelle au point de vue territorial, économique, politique, social, culturel, nous avons conclu que nous pouvions la laisser se détériorer davantage suite à l'incurie séculaire de notre tuteur légal, le gouvernement français, envers la défense de nos droits face à des élus requins accapareurs de nos territoires et de leurs ressources au profit des entreprises privées. Pour l'avenir de nos peuples, de notre culture et de nos enfants, nous avons le devoir de tout mettre en œuvre pour obtenir la reconnaissance de nos droits de premiers occupants, afin de construire sur cette base un avenir acceptable pour les générations futures.

Nous savons que nous n'avons plus le choix ; il nous faut agir maintenant ou accepter de dépérir au sein de la société dominante.

Nous trouvons curieux, qu´étant le groupe dont les droits ont été continuellement bafoués par les intérêts et activités du groupe dominant, nous ayons quand même le fardeau de la preuve et soyons obligés de démontrer la nature de nos droits et l'étendue des dommages causés à nos territoires et à notre culture. Cela nous apparaît d'autant plus étonnant que nous savons fort bien que le gouvernement que vous représentez se trouve à la fois juge et partie dans cette affaire puisqu'il représente d'abord et avant tout les intérêts de la majorité blanche. Nous voudrions que l'on tienne aussi compte de nos traditions culturelles dans l'élaboration de ces règles. Entre autres, nous ne comprenons pas pourquoi vos juristes et législateurs ne veulent tenir compte dans leurs argumentations et décisions que du droit écrit d'origine européenne, en ignorant totalement les principes du droit non écrit des peuples autochtones d'Amérique.

Nous ne comprenons pas non plus pourquoi la notion de propriété privée de terre qui est la vôtre doit primer sur la notion de propriété collective qui est la nôtre. L'appropriation privée de la terre et de ses ressources nous apparaît à la base d'un système fondé sur l'exploitation de l'homme par l'homme que traditionnellement nos ancêtres ont toujours refusé.

Nous sommes les représentants de sociétés communautaires dans lesquelles l'exploitation des ressources s'est toujours faite sur de bases égalitaires et nous voulons conserver ce principe. Contrairement à votre système de valeurs, nous ne voulons pas bâtir une société où les intérêts collectifs doivent toujours passer par les intérêts privés d'entrepreneurs capitalistes.

En effet, il est fort bien reconnu que les territoires que nous occupons depuis de temps immémoriaux n'ont fait l'objet d'aucun traité et d'aucune entente et qu'en conséquence ils sont sujets à ce que vous appelez des "revendications globales".

Qui sommes-nous ?

Que voulons-nous ?

L'Association des Amérindiens de Guyane française ÉMERILLONS - PALIKUR - WAYÃPI - WAYANA - ARAWAK - GALIBI (AAGF-EPWWAG), association légalement enregistrée, représentant les intérêts de six ethnies de la Guyane française.

Nous représentons donc près de 4075 Amérindiens[8].

En raison de leur proximité géographique et d'une parenté linguistique et culturelle très étroite, nous avons décidé de nous unir au début de l'année 1982, pour étudier un meilleur avenir économique, social et culturel.

Nous, peuples EPWWAG, étions souverains au moment de la venue des premiers Européens et de leur installation sur nos terres. Nous jouissions alors de tous les attributs d'une souveraineté pleine et entière :

---

[8] En 2015, l'estimation officielle des communautés amérindiennes de Guyane était de « près de 10 000 personnes » selon le Premier ministre du gouvernement français, Manuel Valls.

contrôle et exploitation de territoire et de leurs ressources, autosuffisance économique, autonomie politique. Nous avions nos institutions, notre langue, notre culture, élaborées à travers les millénaires en parfaite symbiose avec les lois de la nature. Même si, aux yeux des Blancs, nous pouvions être considérés comme des populations primitives, attardées et misérables, nous étions tellement conscients de la qualité de notre système social et culturel fondé sur l'égalité de tous, que nous avons toujours refusé de la transformer radicalement au grand plaisir des missionnaires, administrateurs et autres entrepreneurs. C'est d'ailleurs le refus de nous assimiler aux envahisseurs et le refus de ces derniers de comprendre notre système de valeurs et nos institutions propres qui nous a acculés à une situation qui nous est, aujourd'hui, devenue intolérable.

Nous retraccrons plus loin les grandes lignes de l'histoire de notre domination progressive qui fut en fait celle de la pénétration du capitalisme mercantile et du capitalisme industriel, de plus en plus profonde à l'intérieur de nos terres.

Notre histoire récente est celle d'une longue lutte pour la défense de nos droits souverains, que ce soit contre les chasseurs sportifs, les colons agricoles, les industriels, ainsi que contre les différents élus, qu'ils soient de gauche ou de droite, qui les ont toujours soutenus dans leur visée sur nos terres et leurs ressources.

Malgré toutes les difficultés que nous avons connues, malgré le fait que nous avons été refoulés et confinés dans d'étroits territoires, qui, jusqu'à présent, continue à peser sur notre peuple (Projet de la ZEP - Île Portal), nous n'avons jamais renoncé à notre souveraineté et ã nos territoires que nos ancêtres ont occupés et exploités depuis des temps immémoriaux.

Aujourd'hui, nous pensons que la reconnaissance de cette souveraineté doit être à la base de la redéfinition devenue urgente et nécessaire de nos rapports avec la société dominante. Cette redéfinition doit être l'occasion pour nous d'établir notre contrôle sur les institutions et les processus de décision qui nous touchent le plus directement dans les domaines du développement économique, de l'éducation, de la santé et des services sociaux, ainsi que de l'organisation politique locale et régionale, etc. En un mot, forts de traditions millénaires, nous voulons rétablir et renforcer nos valeurs culturelles propres dans les domaines institutionnels nous concernant.

La référence à nos valeurs traditionnelles indique clairement que nous refusons de considérer comme valable l'option de l'assimilation progressive à la société dominante qui est insidieusement en cours et qui est encouragée directement ou indirectement par tous les agents politiques, administratifs, économiques, faisant affaire avec nous.

Nous voulons demeurer Amérindiens et conserver notre langue, notre culture, nos institutions propres.

Nous croyons que nos droits de premiers occupants d'une grande partie du territoire de la Guyane française nous autorisent à faire ce choix. Nous pensons aussi que les membres de la société dominante doivent accepter ce choix. Il nous apparaît que votre acceptation de notre choix se révèle une des conditions essentielles à l'établissement de relations durables entre nos différents peuples. Si le multiculturalisme doit véritablement constituer une des caractéristiques fondamentales de la société guyanaise ou française, la reconnaissance de la spécificité culturelle amérindienne en constitue certainement un élément important sur la couche périphérique.

Nos terres ancestrales

Les territoires que nos ancêtres ont parcourus depuis des temps immémoriaux, dont ils ont exploité les ressources naturelles et nommé rivières et forêts, couvrent une immense superficie de la Guyane française (Amérique). Nous ne sommes pas en mesure d'examiner actuellement de façon très précise cette superficie. Nous demandons une étude approfondie sur les territoires, l'histoire des Amérindiens de ce pays est très mal connue.

Depuis les temps les plus lointains, donc, nos ancêtres ont utilisé ces terres et leurs ressources pour assurer leur subsistance et celle de leurs familles par des activités de chasse, de pêche et de cueillette. Ils étaient nomades et ils ont ainsi parcouru des distances considérables. Ils connaissaient à fond leurs terres, source de vie, comme les connaissent encore la majorité d'entre nous. Nous avons toujours été d'abord et avant tout des chasseurs vivant en étroite dépendance de la nature et la respectant, puisqu'elle est notre mère, dispensatrice de tous les biens nécessaires à notre survie.

Partout, la chasse et la pêche pour fins de subsistance, demeurent des activités économiques majeures et assurent une partie importante des besoins alimentaires de nos familles. Nous continuons à dépendre largement du gibier et du poisson pour assurer notre subsistance, selon les traditions transmises par nos ancêtres. Nous ne pouvons concevoir notre vie future autrement qu'en dépendance étroite du gibier et du poisson que la terre nous a fourni. Nous voulons aussi vous faire savoir que nous n'avons, jusqu'à maintenant, cédé aucune parcelle de ces terres. Aucune parcelle d'entre elles, aucune forêt n'a fait l'objet d'une cession de notre part, au profit d'un quelconque gouvernement ou de quelque compagnie que ce soit, jusqu'à présent, les agents politiques et économique de la société dominante, ont toujours fait la sourde oreille. Nous exigeons, maintenant, qu'ils nous écoutent attentivement et étudient sérieusement nos revendications.

La nature de nos droits

Nos droits territoriaux se fondent sur notre titre de descendants des premiers occupants des terres dont nous venons de décrire brièvement l'étendue, les limites et l'utilisation traditionnelle. Nous pensons que ces droits aborigènes sont équivalents aux droits de souveraineté. Nous n'acceptons pas que ces droits soient limités à la notion étroite de droits résiduels de chasse, pêche, que nous applique actuellement le gouvernement.

Nous affirmons bien fort et bien haut que nos droits aborigènes sont des droits de souveraineté, car comment aurait-il pu en être autrement, dans notre situation précolombienne de complète autonomie économique, sociale, politique, culturelle et religieuse ? Nous étions les maîtres absolus des terres et de leurs ressources, des rivières et des forêts qui nous assuraient notre subsistance dans une interdépendance totale avec la nature. Nous ne pensons pas que la venue d'étrangers européens sur nos terres, même si ceux-ci furent acceptés, jusqu'à un certain point, par nos ancêtres, a modifié notre situation de peuple souverain sur nos territoires. Seule la conquête armée ou notre consentement tacite à aliéner nos droits au profit de la société dominante, aurait pu nous faire perdre cette souveraineté. Or, rien de tel ne s'est passé. Nous savons en fait, que la position de la société dominante et sa négation de nos droits se trouvent uniquement fondées sur des rapports de force.

Lorsque l'avantage de votre nombre, de vos armes, et de votre technologie n'était pas aussi marqué qu'il ne l'est devenu depuis un siècle, votre attitude était passablement différente : nous étions des nations alliées jouissant de leur autonomie. Aujourd'hui votre situation de force et votre peur de ne pas avoir accès à nos terres et à leurs immenses ressources, vous fait reculer devant la reconnaissance de nos droits souverains. Pourquoi les gouvernements blancs auraient-ils seuls tous les droits sur les terres et leurs ressources ainsi que le contrôle économique et politique ? Si nous, peuple amérindien, sommes aussi égaux que vous devant le créateur de toute choses, nous devons pouvoir jouir des mêmes droits que vous.

Le gouvernement français autorise des dizaines de milliers de chasseurs et de pêcheurs, soi-disant "sportifs" à capturer gibier et poisson sur nos terres. Par ailleurs, le même gouvernement autorise les compagnies forestières à raser les forêts. Que nous reste-t-il après que tous ces exploitants blancs sont passés sur nos terres et se sont servis prioritairement ? Nous en sommes rendus à ramasser les miettes qui tombent de notre table copieusement garnie au profit des autres.

Dans une perspective de respect des équilibres écologiques qui a toujours été la nôtre, la reconnaissance des droits d'usufruit passe par le respect des relations d'interdépendance des principaux éléments des écosystèmes : sols, eau, végétation, faune. Notre éducation traditionnelle nous a appris à préserver les habitats des animaux terrestres et des poissons dont nous dépendons pour notre alimentation. Malgré les connaissances impressionnantes accumulées par vos biologistes, il me semble que vous ne vous êtes pas encore rendu compte que les activités industrielles forestières, ainsi que loisirs cynégétiques et halieutiques sont incompatibles avec le respect des droits d'usufruit des peuples amérindiens.

Des droits d'usufruit de ce genre, nous n'en voulons pas, pas plus que nous ne voulons que nos droits aborigènes soient définis comme des droits d'usufruit un peu plus élargis. Nous reconnaissons dans cette notion de droit d'usufruit, un piège qui aboutit inévitablement à la main mise par les entreprises privées sur les ressources de nos terres, qui leur apparaissent les plus rentables à un moment donné : couvert forestier, sous-sol minier, ressources fauniques.

Nous pensons que la transposition dans le contexte actuel de nos droits de souveraineté, concerne la globalité des ressources de nos territoires et non seulement le gibier et le poisson. Il s'agit encore là d'un abus du pouvoir incompatible avec la notion d'égalité des hommes et des groupes humains entre eux qui est à la base de notre droit non écrit.

La nature de nos rapports à la terre et à ses ressources, qui fonde notre droit amérindien, se révèle fondamentalement différente de la vôtre. Nos principes de droit se fondent d'abord sur les besoins de la collectivité et ont pour but d'assurer à tous, un accès égal à la terre et à ses ressources.

De là, le souci de préserver la nature et d'assurer le renouvellement constant de ses ressources, au profit de nos frères et pour le mieux-être des générations futures.

Nous constatons que votre droit est fondé sur des principes tout à fait inverses : il doit assurer à des intérêts individuels ou corporatifs la jouissance exclusive de la terre et de ses ressources au détriment d'autres membres du même groupe, de la même société. Il n'est pas difficile de constater qu'un tel système conduit, d'une part, à l'abus des ressources renouvelables et non renouvelables et à leur gaspillage, d'autre part, à une répartition fort inégale de la richesse collective. Nous ne voulons pas accepter ce modèle de société qui est le vôtre et demeurons fidèles à notre modèle de société communautaire dans laquelle les droits collectifs priment sur les droits individuels.

De plus nous n'accepterons pas que la non-utilisation de certaines parties de nos terres ancestrales pour des périodes plus ou moins longues soit servie pour argument pour en limiter la nature ou l'extension géographique. Si nous avons été évacués de certaines zones, la responsabilité doit en être imputée aux agents politiques et économiques qui ont favorisé l'envahissement de nos terres par la colonisation agricole, l'exploitation forestières etc.

On ne peut honnêtement nous reprocher de ne plus utiliser des terres qui nous ont été enlevées sans notre consentement. Par ailleurs, la pénétration industrielle sur nos territoires, a forcément apporté des modifications importantes à nos activités de subsistance traditionnelles. En raison de notre système de valeurs totalement différent du vôtre, nous avons été les victimes inconscientes de ces transformations souvent brutales et rapides. Notre destin nous a échappé pendant un long moment et dans une large mesure, nous avons été les victimes de toutes sortes de manipulations. Nous affirmons aujourd'hui notre désir de mettre fin à cette situation et de prendre notre destinée en main. Finalement, nous refusons que l'extinction de nos droits territoriaux soit le principe de base de toute entente entre le gouvernement de la société dominante et nos six peuples.

Dans l'avenir immédiat, nous voulons donc travailler à faire reconnaître nos droits (aborigènes) par la société dominante et non les faire abolir.

Négation et violation de ces droits

Depuis que les Européens ont mis les pieds sur nos terres, nos droits fondamentaux ont été constamment bafoués par eux. L'expression même de "découverte de terres neuves", représente une insulte à tous les peuples aborigènes d'Amérique qui connaissaient à fond et exploitaient ces terres depuis des millénaires. La négation de l'Autre, de sa spécificité et de ses droits a toujours été une des caractéristiques de la suffisance des peuples européens se considérant comme les porteurs de flambeau de la seule vraie civilisation et de la seule vraie foi. Dans cette perspective ethnocentrique, nos terres étaient à conquérir, nos peuples à civiliser selon vote système de valeurs. Malgré tous vos efforts pour nous assimiler à votre civilisation, nous avons pu y résister victorieusement.

Jusqu'alors nous avions pu conserver l'usage de la majeure partie de nos terres ainsi que nos activités et notre culture traditionnelles. En nous intégrant dans des circuits religieux, ceux-ci ont certes eu des effets néfastes sur nos populations. Entre autres, certaines maladies que nous ne connaissions pas et contre lesquelles nous n'étions pas immunisés naturellement, comme la variole, ont fait des ravages considérables parmi les groupes ethniques. Ainsi fortement décimés démographiquement, nous n'avons guère pu opposer de résistances efficaces à la pénétration de nos terres par la colonisation, de même qu'à la violation de nos droits par les gouvernements de la société dominante, soucieux uniquement de favoriser l'épanouissement économique et social de la majorité blanche. Nous avons été forcés d'aller de plus en plus loin pour nous réfugier et pratiquer nos activités ancestrales, resserrés sur des territoires plus restreints.

Le bilan des effets combinés de toutes vos activités de la société dominante sur nos droits territoriaux, notre économie et notre culture, reste à faire de façon approfondie, mais d'ores et déjà, il apparaît évident que nous sommes les victimes de ce que vous appelez avec fierté votre "civilisation" et votre "développement".

Vous nous avez écrasé sous le rouleau compresseur de votre progrès en technologie. Vous nous avez ignoré en tant que peuples et en tant qu'individus détenteurs de droits égaux aux vôtres. Vous avez envahi nos territoires et pillé nos ressources en ignorant notre droit le plus fondamental qui est de continuer à vivre de nos terres. En retour de nos ressources vous ne nous avez montré qu´ignorance et mépris.

Nous ne nous laissons plus aussi facilement leurrer par de belles paroles et nous reconnaissons, sous cette proposition a l'allure progressiste, la négation de nos droits ancestraux et de notre volonté de demeurer ce que nous n'avons jamais cessé d'être, des Amérindiens. Comment pourrions-nous avoir confiance en un gouvernement qui refuse aux autres peuples ce qu'il réclame au nom du peuple guyanais français, soit la reconnaissance du droit à la souveraineté en tant que peuple différent ?

Face à l'ignorance profonde du gouvernement français vis à vis de nos droits les plus fondamentaux et à la négation de notre volonté d'exister en tant qu'Amérindiens descendants des premiers occupants de ce département, nous nous adressons une fois de plus à notre tuteur légal, le gouvernement français, pour qu'il prenne les dispositions nécessaires pour que nos droits soient reconnus. Nous ne voulons pas non plus devenir des Français comme les autres ou même "à part entière". Nous voulons obtenir la reconnaissance de nos droits aborigènes, c'est à dire, la reconnaissance de nos droits territoriaux, de notre droit à demeurer Amérindiens et à développer nos institutions et notre culture propres.

Nos revendications

Après avoir accueilli amicalement les Blancs sur nos terres et subi en retour toutes les vexations que nous venons de vous décrire, le temps est maintenant venu pour nous de réclamer justice et d'exiger la reconnaissance de nos droits fondamentaux en tant que peuple distinct de la société blanche dominante, en tant que peuples amérindiens et premiers occupants de ce pays. L'essentiel de nos revendications porte sur la reconnaissance de nos droits territoriaux en tant que peuples souverains, de notre droit à prendre en main notre propre développement économique social et culturel.

Dans cette perspective, nos positions de bases peuvent être résumées dans les 9 propositions suivantes :

1. En tant que peuples culturellement autonomes avant l'arrivée des Européens, nous voulons être reconnus comme peuples ayant droit à disposer d'eux-mêmes.

2. En tant que peuples autochtones, descendants des premiers habitants des territoires de cette partie d´Amérique, qui est la Guyane française, nous demandons aussi que nos droits de souveraineté soient reconnus sur ces terres.

3. Nous refusons que l'extinction définitive de ces droits devienne une condition préalable à toute entente avec le gouvernement de la société dominante.

4. Nous nous opposons à tout nouveau projet d'exploitation de ressources de nos territoires par les membres de la société dominante et aussi longtemps que nos droits n'auront pas été reconnus.

5. Nous voulons contrôler à l'avenir, l'exploitation de nos terres et de leurs ressources.

6. Nous voulons que l'assise économique que nous fournira le contrôle de l'exploitation de nos terres assure

notre bien-être économique, social et culturel pour les générations à venir, comme c'était le cas avant que nous soyons envahis par les commerçants, les colons et les entreprises industrielles.

7. Nous voulons prendre en main notre développement à tout point de vue et ne plus le laisser entre les mains des membres de la société dominante.

8. Nous voulons orienter notre développement en fonction de nos valeurs et de nos traditions léguées par nos ancêtres et qui ont été développées pendant des millénaires en harmonie avec notre environnement naturel et social.

9. Nous voulons à l'avenir traiter d'égal à égal avec les gouvernements de la société dominante et non plus être considérés comme des peuples inférieurs.

Dans les deux ou trois années qui viennent, nous voulons analyser plus en profondeur la nature de nos droits territoriaux, l'utilisation passée et actuelle de nos terres tant par nos peuples que par la société dominante et amorcer la définition d'un programme de développement socio-économique, visant à assurer progressivement notre autonomie économique, sociale, éducative, culturelle, etc.

Suivant en cela l'exemple de plusieurs autres associations autochtones avant nous, nous nous adressons au gouvernement français, protecteur en titre de nos droits et intérêts, pour qu'il nous fournisse les moyens financiers pour effectuer de telles études.

Et terminant ce mémoire, nous vous demandons de bien vous imprégner du sens des paroles apparaissant sur la page-titre : NANA IÑONOLI. NANA KINIPINANON. IYOMBO NANA ISHEMAN. (Notre terre, nous l'aimons et nous y tenons).

Révisant l'intégrationniste convention relative aux populations aborigènes et tribales de 1957, la Conférence générale de l'Organisation internationale du Travail a adopté à Genève lors de sa 76e session, le 27 juin 1989, la Convention (C169) concernant les peuples indigènes et tribaux dans les pays indépendants.

Soulignant « *la contribution particulière des peuples indigènes et tribaux à la diversité culturelle et à l'harmonie sociale et écologique de l'humanité ainsi qu'à la coopération et à la compréhension internationales* », cette Convention prend acte « *de l'aspiration des peuples en question à avoir le contrôle de leurs institutions, de leurs modes de vie et de leur développement économique propres et à conserver et développer leur identité, leur langue et leur religion dans le cadre des Etats où ils vivent.* »

Si, dès son premier article, la Convention 169 précise que « *l'emploi du terme "peuples" dans la présente convention ne peut en aucune manière être interprété comme ayant des implications de quelque nature que ce soit quant aux droits qui peuvent s'attacher à ce terme en vertu du droit international* », elle définit d'emblée les peuples auxquels elle s'applique :

a) aux peuples tribaux dans les pays indépendants qui se distinguent des autres secteurs de la communauté nationale par leurs conditions sociales, culturelles et économiques et qui sont régis totalement ou partiellement par des coutumes ou des traditions qui leur sont propres ou par une législation spéciale ;

b) aux peuples dans les pays indépendants qui sont considérés comme indigènes du fait qu'ils descendent des populations qui habitaient le pays, ou une région géographique à laquelle appartient le pays, à l'époque de la conquête ou de la colonisation ou de l'établissement des frontières actuelles de l'Etat, et qui, quel que soit leur statut juridique, conservent leurs institutions sociales, économiques, culturelles et politiques propres ou certaines d'entre elles.

Le deuxième alinéa de son Article 1 ajoute également un critère d'importance : « *le sentiment d'appartenance indigène ou tribale doit être considéré comme un critère fondamental pour déterminer les groupes auxquels s'appliquent les dispositions de la présente convention.* »

Seul traité international ouvert à la ratification portant exclusivement sur les droits des peuples indigènes et tribaux, la Convention 169 prévoit la consultation et la participation de ces peuples en ce qui concerne les politiques et les programmes qui pourraient avoir une incidence sur eux. La convention stipule qu'ils doivent jouir pleinement des droits fondamentaux et elle prévoit des politiques de caractère général concernant ces peuples sur des questions comme les coutumes et les traditions, les droits de propriété, l'utilisation des ressources naturelles dont sont dotées leurs terres, l'emploi, la formation professionnelle, l'artisanat et les industries rurales, la sécurité sociale et la santé, l'éducation, les contacts et la communication par-delà les frontières.

Depuis son entrée en vigueur, en 1991, seuls 22 pays dont 15 latino-américains, ont ratifié la C169. La Norvège dès 1990, le Danemark (1996), les Pays Bas (1998) et l'Espagne (2007) sont les seuls pays européens à l'avoir ratifié à ce jour.

Lors de son rapport du 27 août 2010, le Haut-commissariat des Nations unies aux droits de l'homme a recommandé à l'État français de prendre toutes les mesures législatives nécessaires à la ratification de cette convention. Vingt-deux États, dont quinze situés en Amérique du sud ou en Amérique centrale, l'ont déjà ratifiée, isolant la posture de la France dans cette région du monde.

Pour la France cependant, la reconnaissance aux peuples autochtones de droits collectifs demeure incompatible avec les principes constitutionnels de la République. C'est la position qu'affirme en 2013 le Ministère des

Affaires étrangère : « *La convention 169 de l'OIT reflète en partie les valeurs sur lesquelles la France s'est engagée. Néanmoins, cet instrument international attribue aux peuples autochtones des droits collectifs contraires à nos principes constitutionnels d'égalité et d'indivisibilité de la République. Cette incompatibilité n'a cependant jamais constitué un obstacle à l'adoption de politiques ambitieuses en faveur des peuples autochtones. Dans les départements et les collectivités d'Outre-mer, la France a adopté des mesures pour assurer la participation pleine et entière des peuples autochtones à la prise de décisions qui concernent directement ou indirectement leurs modes de vie. Elle a pris en considération les traditions culturelles et les aspirations de ces populations, notamment s'agissant des questions relatives à la terre, qui ont reçu des réponses individualisées. Elle a favorisé l'enseignement des langues et des cultures régionales locales ainsi que la restauration, la préservation et la protection des sites des peuples autochtones.* »

Quatre années plus tard, le 23 février 2017, deux mois avant l'élection présidentielle française, la Commission nationale consultative des Droits de l'Homme (CNCDH) a recommandé la ratification de la Convention n°169 de l'Organisation Internationale du Travail. Selon la CNCDH *« le principe d'indivisibilité de la République est compatible avec la reconnaissance des droits individuels et collectifs des peuples autochtones »*.

La ratification de la C 169 est en 2017 la première des revendications des peuples autochtones de Guyane.

Pour en savoir plus

L'intégralité des 44 articles de la Convention 169 concernant les peuples indigènes et tribaux dans les pays indépendants est disponible en ligne sur le site officiel de l'Organisation Internationale du Travail à cette adresse :

http://www.ilo.org/dyn/normlex/fr/f?p=NORMLEX PUB:12100:0::NO::P12100_ILO_CODE:C169

La base de données NORMLEX concernant les normes internationales du travail est disponible en six langues.

Le site web de l'OIT sur les peuples indigènes et tribaux (www.ilo.org/indigenous) permet d'accéder à une somme considérable de documents et autres sources, notamment à des informations sur l'assistance technique fournie par l'OIT dans le cadre de la convention n° 169. Le programme pour la promotion de la convention 169 de l'OIT (PRO 169) a un site dédié à la formation (www.pro169.org), qui contient tous les documents nécessaires, notamment des textes, des publications, des exposés et des vidéos utiles pour des cours sur les droits des peuples autochtones et tribaux et le développement.

Annexe 3 : Déclaration des Nations Unies sur les droits des peuples autochtones (DDPA) adoptée le 13 septembre 2007

Après un quart de siècle de négociations dans différents groupes de travail, l'assemblée générale des Nations Unies adopta à New York le 13 septembre 2007 lors de sa 107e séance plénière la Déclaration sur les droits des peuples autochtones (DDPA), le premier instrument universel à affirmer le droit de ces peuples à jouir pleinement de l'ensemble des droits de l'homme et des libertés fondamentales et de ne faire l'objet d'aucune discrimination fondée sur leur origine ou leur identité autochtones.

Présentée par le Pérou, la résolution relative à la Déclaration a été adoptée par 143 voix pour, 4 voix contre (Australie, Canada, États-Unis et Nouvelle-Zélande) et 11 abstentions (Colombie, Azerbaïdjan, Bangladesh, Géorgie, Burundi, Fédération de Russie, Samoa, Nigéria, Ukraine, Bhoutan et Kenya). Ce texte avait déjà été adopté le 29 juin 2007 par le Conseil des droits de l'homme, à l'issue de plus de deux décennies d'âpres négociations (ONU, 2007).

Avec le ralliement en 2009 de l'Australie et de la Colombie, puis en 2010 celui de la Nouvelle-Zélande, du Canada et des États-Unis, cette déclaration engage désormais une large majorité des États membres des Nations Unies.

Au-delà de la reconnaissance des droits culturels des peuples autochtones, la Déclaration affirme plus particulièrement leur droit à l'autodétermination. Le texte déclare que les peuples autochtones ont le droit d'être autonomes et de s'administrer eux-mêmes pour tout ce qui touche à leurs affaires intérieures et locales, ainsi que de disposer des moyens de financer leurs activités autonomes.

Ces peuples ont le droit de renforcer et de maintenir leurs institutions politiques, juridiques, économiques, sociales et distinctes, tout en conservant le droit, si tel est le choix, de participer pleinement à la vie politique, économique et culturelle de l'État, stipule le texte.

Une importance particulière est accordée dans la Déclaration aux droits des peuples autochtones sur leurs terres et ressources ancestrales. En effet, aux termes de la Déclaration, les États doivent accorder une reconnaissance et une protection juridique à ces terres, territoires et ressources. Les peuples autochtones ont le droit à réparation et, sauf s'ils en décident autrement, l'indemnisation se fait sous forme de terres, de territoires et de ressources équivalents.

Si ce document historique consacre le droit des peuples autochtones à l'autodétermination, il inscrit les questions qui les concernent dans une approche « droits de la personne » qui tend à dépasser le seul cadre du droit et de la politique (Bellier, 2014).

Instrument juridiquement non contraignant, cette déclaration est le résultat d'un compromis consensuel dont les dispositions doivent être examinées à la lumière de la législation de chaque pays. Comme le soulignèrent lors de son adoption de nombreux pays signataires dont la France (ONU, 2007), rien dans ce texte ne saurait constituer un encouragement à porter atteinte à l'intégrité et à la souveraineté territoriales des États.

Le texte intégral de la Déclaration des Droits des Peuples Autochtones est téléchargeable à partir du site officiel de l'Organisation des Nations Unies à cette adresse http ://www.un.org/esa/socdev/unpfii/documents/DRIPS_fr.pdf

Sur l'histoire de l'adoption de la Déclaration et son contenu, lire également la foire aux questions Peuples autochtones Voix autochtones présentée par l''Organisation des Nations Unies à cette adresse http ://www.un.org/esa/socdev/unpfii/documents/faq_drips_fr.pdf

Annexe 4 : Avancées, bricolages et dilemme du droit français

La Guyane[9], département et région d'Outre-mer (DROM), constituée en collectivité unique depuis 2015, est soumise à la logique de l'identité législative, consacrée par l'article 73 de la Constitution.

Politique et juridique, le combat des peuples autochtones de Guyane pour la reconnaissance de leurs droits dont les Kali'na, à partir des années 1980, ont été les pionniers, est d'autant plus complexe à comprendre qu'à chacun de ses différents niveaux, régional, national, international, il est confronté aux réalités d'un droit français intangible et sans cesse mouvant à la fois.

De la création, en 1930, du Territoire autonome de l'Inini[10] à l'instauration en 1987 d'un simple droit

---

[9] Parcelle de la grande forêt amazonienne, la Guyane, soumise depuis le XVIIe siècle à la colonisation, colonie de plantation conduite par l'esclavage jusqu'à son abolition en 1848, département français depuis 1946, est le seul espace continental sud-américain ancré dans la Communauté européenne. Sa superficie est importante : 83 534 km2 dont 7 618 100 ha de surface boisée soit 91% du territoire dont la majeure partie relève du domaine privé de l'Etat. Mosaïque de communautés, la Guyane française, 259 865 habitants au 1er janvier 2015, est la plus jeune région française : 44,4% de la population a moins de 20 ans (2010). Elle est aussi la plus dynamique en termes de croissance démographique : une perspective de 424 000 habitants à l'horizon 2030.

[10] Colonie d'administration directe de l'hinterland de la Guyane française. Après la départementalisation de la Guyane, ce dispositif perdura en 1951 sous la forme d'un arrondissement à statut particulier, en droit jusqu'en 1961 et de fait jusqu'en 1969. (Thabouillot, 2016)

d'usufruit par l'octroi de Zones de Droits d'Usage Collectif (ZDUC), de concessions ou de cessions et jusqu'à l'attribution par l'Etat en 2017 de 400 000 hectares aux peuples autochtones au travers de l'établissement public placé auprès du Grand Conseil coutumier des populations amérindiennes et bushinengués, l'histoire des évolutions du droit concernant les peuples autochtones de la Guyane française est une longue et complexe succession d'avancées et de reculs, de résolutions et d'obstacles, de reconnaissances et de refus.

République frileuse

De nombreux chercheurs, tels Geoffroy Filoche, spécialiste du Droit de la protection et de la valorisation de la biodiversité, soulignent la tendance de cette évolution allant de *reconnaissances disparates en bricolages juridiques.*

« *Après des siècles d'indifférence, voire de déni, la Guyane* - écrit Geoffroy Filoche - *semble aujourd'hui redécouvrir ses peuples amérindiens au détour de réformes juridiques en déphasage croissant avec la tradition républicaine française. Département et région d'outre-mer, le territoire guyanais est à la recherche d'une nouvelle identité politique et institutionnelle, et tente de tirer parti des politiques de développement durable conçues pour une grande part depuis la métropole.* »

« *L'État* - poursuit Geoffroy Filoche - *reconnaît plus ou moins officiellement le pouvoir coutumier local, répond au coup par coup aux sollicitations (voire aux modes) internationales du développement durable et agrège, de façon plus ou moins cohérente, des institutions et notions nouvelles au droit déjà existant. Il se place, de ce fait, bien souvent à la limite de la légalité : de nombreuses dispositions auraient pu en effet être invalidées si elles avaient été soumises au Conseil constitutionnel.* » (Filoche, 2011)

Les incertitudes, les hésitations, les ambiguïtés, voire les contradictions des systèmes juridiques français dont la décolonisation, concernant les peuples autochtones, est loin d'être achevée, tiennent aussi à des craintes ayant souvent plus à voir avec l'hexagone qu'avec l'outre-mer[11]. La frilosité française, après l'adoption en 2007 de la Déclaration des Nations unies sur les droits des peuples autochtones, est à cet égard révélatrice : « *La France* -écrit l'anthropologue Irène Bellier - *qui regarde volontiers ce qui se passe ailleurs, qui a une certaine fascination pour l'exotisme, et qui se flatte d'être à la source des droits*

---

[11] Le Conseil constitutionnel, dans une décision du 9 mai 1991 relative à la Corse, affirme qu'il ne peut exister qu'un peuple français, englobant tous les départements et collectivités territoriales. Dans cette même décision, le Conseil constitutionnel reconnaît pourtant que « la Constitution de 1958 distingue le peuple français des peuples d'outre-mer auxquels est reconnu le droit à la libre détermination ». C'est la révision constitutionnelle du 28 mars 2003 qui a mis fin à la référence des « peuples d'outre-mer », en se bornant à reconnaître l'existence de « populations d'outre-mer », « au sein du peuple français ».

humains, ne s'est guère saisie de cet événement que fut l'adoption de la Déclaration des Nations unies sur les droits des peuples autochtones. Elle l'a soutenue avec hésitation, craignant de voir mises sur un pied d'équivalence les populations d'outremer qu'elle entoure d'un soin spécial et les sociétés régionales de l'Hexagone dont elle craint les particularismes. Mais si elle est signataire de la Déclaration, elle refuse de progresser vers la ratification de la Convention 169, le seul instrument juridiquement contraignant actuellement existant. » (Bellier, 2013)

Des textes à ne pas oublier

Dans la République indivisible où la jurisprudence du Conseil constitutionnel ne reconnait que des citoyens français, les textes existants ne sont pas rares pour autant dans le domaine de la reconnaissance des droits des peuples autochtones.

Dans le mémento qu'il rédige en janvier 2012 à l'attention des candidats à l'élection présidentielle et du candidat François Hollande en particulier, le juriste Alexis Tiouka, spécialiste en droit humain et droit des peuples autochtones[12], récapitule tout ce qu'il faut savoir et qu'il serait bon de ne pas oublier. Les supports

---

[12] Alexis Tiouka, né au village kali'na d'Awala, en 1959, a été le délégué de la Fédération des organisations autochtones de Guyane à l'ONU pour les travaux d'établissement de la Déclaration des Nations Unies sur les droits des peuples autochtones adoptée le 13 septembre 2007. Alexis Tiouka est l'auteur de nombreux travaux sur les droits des peuples autochtones et le droit foncier en particulier : voir les références fournies dans la bibliographie..

juridiques sur lesquels s'appuient les exigences des Amérindiens d'en France sont d'échelle régionale, nationale et internationale.

Au niveau régional, Alexis Tiouka cite : *l'additif au document d'orientation d'un pacte de développement pour la Guyane, adopté en commission mixte le mardi 26 janvier 1999 et approuvé par les élus régionaux et généraux réunis en congrès le samedi 27 février 1999 qui précise : « Que la revendication de principe avancée par les autorités coutumières quant à la reconnaissance des peuples autochtones et tribaux est justifié », « Que le document d'orientation affirme sans ambiguïté à la page 8, l'existence des peuples autochtones, peuples premiers. » ; ainsi que le projet d'accord relatif à l'avenir de la Guyane approuvé par les élus régionaux et généraux de Guyane.* (Tiouka, 2012)

A l'échelle nationale : *deux articles du code du domaine de l'état (R.170-56 et R.170-58) ainsi que le décret D.34 reconnaissent un statut personnel aux Amérindiens de Guyane, le décret n°86-467 du 14 avril 1987 régissant les droits territoriaux des peuples autochtones et reconnaissant notamment les droits des « communautés tirant traditionnellement leurs moyens de subsistance de la forêt », l'article 33 de la loi d'orientation n°2000-1207 du 13 décembre 2000 qui stipule que « l'Etat et les collectivités locales encouragent le respect, la protection et le maintien des connaissances innovantes et pratiques des communautés autochtones et locales fondées sur leurs modes de vie traditionnels et qui contribuent à la conservation du milieu naturel et à l'usage durable de la diversité biologique.* » (Tiouka, 2012)

Enfin, au niveau international, cinq textes ratifiés par la France incitent au respect des droits des peuples autochtones, notamment dans le domaine des aires protégées ratifiées par la France : La déclaration des Nations Unies sur les droits des peuples autochtones[13], la Déclaration de Rio (1992)[14], la Convention sur la biodiversité[15], la Convention relative aux zones humides (Ramsar, Iran)[16] et la Convention sur la diversité biologique (Kuala Lumpur)[17].

Et le juriste en droit international Alexis Tiouka de préciser à l'attention des candidats à la Présidentielle : *Revendiquer leur statut d'autochtone ne signifie pour les*

---

[13] Voir Annexe 3.

[14] Dans son principe n°15, elle reconnaît que « la meilleure manière de traiter les questions environnementales est de permettre la participation des peuples autochtones concernés. » (Tiouka, 2012)

[15] Elle reconnaît dans son préambule le rôle des peuples autochtones qui entretiennent des modes de vie traditionnels en adéquation avec la protection de l'environnement et son utilisation durable. Elle reconnaît en outre qu'un partage équitable des bénéfices qui découlent de l'utilisation de leurs ressources naturelles est nécessaire. (Tiouka, 2012)

[16] Elle insiste sur la nécessité d'assurer l'utilisation équilibrée des ressources naturelles des zones humides dans la mesure où il s'agit là de zones essentielles à la survie des peuples autochtones qui y vivent. (Tiouka, 2012)

[17] Elle insiste sur le fait que les peuples autochtones doivent participer à la gestion des aires protégées. L'objectif 2.1. de cette convention précise qu'il faut avant l'année 2008 établir des programmes qui favorisent une distribution équitable des bénéfices issus des aires protégées afin que les peuples autochtones puissent en bénéficier. (Tiouka, 2012)

Amérindiens de Guyane qu'une demande pour que soit obtenue une forme de reconnaissance, la même que celle obtenue par la Député Mme Taubira[18], au nom des populations issues de l'esclavage. Il ne s'agit donc pas de remettre en question une appartenance à la société guyanaise, française ou européenne mais, bien au contraire, d'obtenir le droit d'y participer pleinement, riche d'un apport culturel, social, linguistique qui ne peut être qu'un atout pour celles-ci. (Tiouka, 2012)

Peuples autochtones et droits de l'homme dans les Outre-mer

Le 23 février 2017, à l'unanimité, l'Assemblée plénière de la Commission nationale consultative des droits de l'homme (CNCDH) a adopté l'avis « La place des peuples autochtones dans les territoires ultramarins français : la situation des Kanak de Nouvelle-Calédonie et des Amérindiens de Guyane ». Cet avis de 155 pages particulièrement étayé s'inscrit dans le cadre d'une étude menée par la Commission nationale consultative des droits de l'homme (CNCDH) sur l'effectivité des droits de l'homme dans les Outre-mer[19].

---

[18] Députée de la première circonscription de la Guyane de 1993 à 2012, Christiane Taubira est à l'origine de la loi tendant à la reconnaissance de la traite et de l'esclavage en tant que crime contre l'humanité. Elle fut garde des Sceaux, ministre de la Justice du 16 mai 2012 au 27 janvier 2016, dans les gouvernements Jean-Marc Ayrault I et II, puis Manuel Valls I et II.

[19] La publication du rapport de la CNCDH est prévue pour avril 2018.

L'avis contient seize recommandations sur lesquelles le Conseil d'État aura à conseiller le Gouvernement. Le communiqué de presse qui les résume est sans ambiguïté : *La CNCDH recommande notamment à l'Etat de reconnaître les Kanak de Nouvelle-Calédonie et les Amérindiens de Guyane comme des peuples autochtones à part entière. Cette reconnaissance est une condition essentielle pour que les membres de ces peuples puissent pleinement jouir de leurs droits et que les politiques des pouvoirs publics en leur faveur soient plus efficaces et acceptées.* ((CNCDH), 2017)

Recommandation n°3 : La CNCDH recommande que l'ensemble des pouvoirs publics et des responsables politiques prenne définitivement acte de l'engagement de principe souscrit par la France lorsqu'elle a voté la Déclaration des Nations unies sur les droits des peuples autochtones de 2007, et en tire toutes les conséquences pratiques afin que soit utilisé, sur la scène nationale et internationale, le terme de « peuples autochtones » s'agissant des Amérindiens et des Kanaks. Une telle reconnaissance est nécessaire pour se mettre en conformité avec l'article 8 de la Déclaration des Nations unies sur les droits des peuples autochtones qui prévoit que « les peuples autochtones ont le droit, à titre collectif et individuel, de conserver et de développer leurs spécificités et identités distinctes, y compris le droit de revendiquer leur qualité d'autochtones et d'être reconnus en tant que tels ».

Recommandation n°7 : Pour assurer les nécessaires protection et promotion du droit des peuples autochtones à conserver, développer et transmettre aux générations futures leur identité propre tout en garantissant à leurs membres une égalité de traitement avec l'ensemble des citoyens, la CNCDH recommande à la France de ratifier la Convention n°169 de l'Organisation internationale du Travail relative aux peuples indigènes et tribaux.

A l'appui de cette demande au Gouvernement de ratification de la Convention 169 de l'OIT, toute l'analyse fournie par l'avis de la CNCDH répond par avance aux rigidités de la jurisprudence du Conseil constitutionnel, voire à l'enfermement de l'Etat dans ses contradictions.

« La convention -précise en effet l'avis du 23 février 2017- affirme que ces peuples doivent bénéficier de tous les droits fondamentaux, du principe d'égalité au sein même des populations et à l'égard des autres, du respect des droits sociaux, économiques et culturels et d'une totale absence de discrimination à leur égard. En reconnaissant les spécificités culturelles des autochtones, en garantissant effectivement l'intégrité physique et spirituelle de ces peuples, en luttant contre la discrimination à leur égard, en exigeant leur consultation pour les mesures les concernant, en demandant des mesures spécifiques pour les protéger, cette convention internationale porte au plus haut degré l'exigence républicaine d'égalité de tous devant la loi : les situations différentes doivent être réglées de façon différente. L'Etat se refuse à envisager la ratification de la convention au nom du principe d'unicité et d'indivisibilité de la République. Il avance également que « cette incompatibilité constitutionnelle n'a néanmoins jamais constitué un obstacle à l'adoption par la France de politiques ambitieuses en faveur des populations autochtones ». Pourtant, les organes des traités lui rappellent régulièrement la nécessité de ratifier cette convention, tout comme d'autres Etats lors de l'Examen périodique universel, ou encore la société civile. Alors que cette ratification, toujours en cours de discussion au sein du Parlement et régulièrement évoquée par les parlementaires, l'Etat semble enfermé dans ses contradictions. Le refus de ratification par la France de la Convention n°169 doit être mis en balance avec son rôle décisif joué lors de l'adoption de la Déclaration des Nations unies sur les droits des peuples autochtones. Ce refus est d'autant plus étonnant que la France a pourtant participé à la rédaction de la Convention internationale n°169 de l'OIT, qu'elle a ensuite signé. »

« Concrètement - souligne également la CNCDH - l'absence de ratification de la Convention prive la France d'un instrument international de référence pour donner toute sa cohérence juridique à une action efficace de protection et de promotion des droits des peuples autochtones. La CNCDH souhaiterait se joindre à la Ligue des droits de l'homme pour rappeler au gouvernement français que cette convention n'a pas pour objet ou effet juridique de promouvoir le séparatisme, dès lors qu'« elle consacre une garantie effective de l'intégrité physique et spirituelle des peuples autochtones vivant sur les territoires des Etats souverains en luttant pour ce faire contre toutes formes de discriminations à leur égard ». La ratification de la Convention n°169 permettrait de poser un cadre, un socle de protection et d'assurer une reconnaissance de ces peuples et de leur diversité. À terme, une telle reconnaissance des peuples autochtones leur assurerait une meilleure intégration dans la République française. Au regard de la situation de détresse sociale, économique et environnementale de ces populations, un acte fort de la part de l'Etat est nécessaire. Presque tous les pays de l'Amérique centrale et latine l'ont ratifiée. Au Brésil, en Colombie et en Bolivie, la ratification a suscité d'importantes réformes et inspiré des politiques visant à la reconnaissance de la légitimité de la diversité ethnique et culturelle de la population. En ratifiant la convention, la France rejoindrait le Danemark, l'Espagne, la Norvège et les Pays-Bas, les quatre Etats européens à avoir ratifié la Convention. De plus, sa crédibilité pour porter au niveau international un discours de respect de la diversité et du pluralisme en serait renforcée. Ratifier cette convention permettrait une avancée dans la reconnaissance des droits fondamentaux à ces populations. L'avantage concret le plus évident tiendrait à la consécration du droit collectif à la terre qui permettrait la restitution des terres aux peuples autochtones sans qu'on les oblige à les acheter individuellement (reconnaissance de la propriété collective). La reconnaissance de l'antériorité de l'occupation du territoire serait ainsi actée. En outre, s'agissant tout particulièrement des Amérindiens de Guyane, les conséquences dommageables sanitaires, sociales et environnementales liées à l'orpaillage, seraient indemnisées. Le droit à l'autonomie culturelle incluant le respect des modes de vie, coutumes, traditions, institutions, droits coutumiers, formes d'organisation sociale, droits linguistiques, serait également reconnu. La Convention assurerait également le respect du droit à la consultation et à la participation, qui constitue la pierre angulaire de la Convention. Elle exige que ces peuples participent de manière libre, préalable et informée aux processus politiques et de développement qui les concernent. La Convention pose ce principe non seulement en ce qui concerne les projets de développement spécifiques mais aussi de manière plus vaste, la gouvernance et la participation des peuples autochtones à la vie publique, en les autorisant à être parties aux décisions les concernant. » ((CNCDH), 2017)

Pour aller plus loin

L'intégralité de l'avis sur la place des peuples autochtones dans les territoires ultramarins français est disponible en ligne à partir du site officiel de la Commission nationale consultative des droits de l'homme.

A télécharger au format pdf à cette adresse : http://www.cncdh.fr/sites/default/files/170223_avis_peuples_autochtones.pdf

Annexe 5 : Les revendications des peuples autochtones de Guyane en 2017

En mars 2017, lors du puissant mouvement social qui se manifesta en Guyane à quelques semaines du premier tour de l'élection présidentielle française, les représentants amérindiens sur le territoire de la Guyane firent entendre leurs exigences.

Une première liste de celles-ci fut présentée par les quatre représentants des peuples autochtones[20] dès les premiers jours du mouvement social guyanais. Cette liste compte 26 revendications parmi lesquelles "*la rétrocession foncière sur le domaine de l'état d'une partie de notre terre ancestrale à hauteur de 400 000 hectares à titre gratuit et exempté de taxe*".

Si, en 2017, c'est une génération nouvelle qui s'exprime et entend se faire entendre, le droit à la Terre et le problème foncier demeurent, comme l'affirmait en 1984 l'Adresse au peuple et au gouvernement français, au cœur des revendications autochtones. A deux reprises, le 18 et le 25 mars 2017, le Conseil Consultatif des Populations Autochtones et Bushinengé (CCPAB) s'est

---

[20] Le Chef coutumier de la nation T°leuyu, Éric Louis, le coordinateur de la FOAG, Jean-Philippe Chambrier, le secrétaire général de l'ONAG, Alexandre Sommer, et Christophe Pierre pour le Collectif des premières nations.

adressé au Président François Hollande pour lui rappeler, ainsi qu'à son successeur[21], les revendications des Amérindiens.

"Nous prenons acte de l'annonce faite en votre nom par Madame la Ministre de l'énergie, de la mer et de l'environnement de la décision de rétrocéder 200 000 ha de forêts primaires pour la biomasse en Guyane - écrit le 18 mars 2017 le CCPAB.*

Vous avez volontairement omis d'indiquer [à votre ministre] que nous devrions être consultés en tant que peuples autochtones de ce territoire et ce, en violation de notre droit au consentement préalable en connaissance de cause.

Nos peuples préservent les forêts en qualité et quantité, mais nous sommes spoliés de nos droits territoriaux. Les forêts que nous avons en gestion ne sont pas décimées, mais l'administration de l'État ne nous reconnait aucune garantie imprescriptible liée à la terre.

Par contre, les spéculateurs, de toutes sortes qui détruisent les forêts et qui contaminent nos sources d'eau douce, ont droit à d'importantes terres pour déforester définitivement..."

Le 31 mars 2017 le Conseil Consultatif des Populations Amérindiennes et Bushinengé rendit publique la liste des vingt revendications jugées incontournables dans la

---

[21] Emmanuel Macron, élu le 7 mai 2017, est le huitième président élu sous la Ve République.

négociation entre l'Etat et le collectif Pou Lagwiyann dekolé[22].

Les exigences des Amérindiens d'en France en 2017

1. La ratification de la Convention n°169 de l'Organisation Internationale du Travail qui a fait l'objet d'un avis favorable de la Commission nationale consultative des Droits de l'Homme (CNCDH) le 23 février 2017.

Selon la CNDH « le principe d'indivisibilité de la République est compatible avec la reconnaissance des droits individuels et collectifs des peuples autochtones ». La commission recommande la ratification de ladite Convention.

Une pétition sur la ratification soutenue par plus de 85.000 signataires sur le site Change.org, adressée au Président de la République, a été remise en main propre à l'ex-Ministre des Outre-mer George Pau-Langevin le 31 mars 2016, et à la Ministre de l'écologie Ségolène Royal le 16 mars 2017.

2. La reconnaissance officielle de notre institution coutumière et des chefs coutumiers.

---

[22] Pour que la Guyane décolle.

3. La rétrocession immédiate de 400.000 hectares de terres du domaine privé de l'Etat.

Sont comprises dans cette rétrocession, les zones de droit d'usage et concessions à des communautés d'habitants déjà attribuées, ainsi que celles ayant fait l'objet d'une demande au service des Domaines. Ces terres seront attribuées sur chaque zone d'habitation Amérindienne et leur périphérie.

Il s'agit ici de garantir un espace de vie suffisant dans les villages pour la génération future. Mais aussi de protéger cet espace de vie des spéculations foncières, des occupations illégales, de la déforestation, de l'agriculture intensive, des projets d'exploitation aurifères et de biomasse.

A cette rétrocession devra succéder une réforme du Code général des propriétés des personnes publiques concernant le régime juridique des zones de droit d'usage et concessions (proposition n°37 du rapport parlementaire). Ceci afin de répondre aux nouveaux besoins de subsistances économiques et de valorisation de ces terres par les Amérindiens

4. La création d'un établissement public d'Etat, dénommé Office foncier des populations Amérindiennes, chargé de gérer la réserve foncière de

400.000 hectares et sa redistribution auprès des populations Amérindiennes constituées en groupement de droit particulier local.

Cet établissement sera doté du droit de préemption, composé à deux tiers des membres du Grand conseil coutumier et un tiers des représentants de l'Etat. Ceci sur le modèle de l'Office foncier de la Nouvelle-Calédonie créé le 15 octobre1982.

5. La création d'un statut dénommé « Groupement de droit particulier local » (GDPL) au bénéfice des populations Amérindiennes et Bushinengé.

Les GDPL sont ainsi régis par des statuts, ils sont dotés de la personnalité morale et utilisés pour gérer des projets, notamment fonciers. Ce statut existe actuellement au sein de la République française au bénéfice des peuples autochtones Kanaks de Nouvelle Calédonie.

6. L'arrêt immédiat du projet d'exploitation aurifère par les sociétés Colombus Gold et Northgold sur le site Montagne d'Or, ainsi que l'arrêt de tout projet d'exploitation de ce type dès lors qu'il est porté par des multinationales étrangères.

La méga industrie minière, est l'une des plus polluantes au monde. Elle n'est pas solidaire ni équitable en termes de retombées économiques. Elle ne développera donc pas notre pays mais, bien au contraire, minera les bases même de notre patrimoine naturel, à savoir ses ressources énergétiques et hydriques, son attractivité touristique potentielle et sa biodiversité.

7. La participation des représentants Autochtones à la Commission Départementales des Mines.

Nous exigeons la mise en œuvre effective de l'article 81 de la loi pour l'égalité réelle en outre-mer qui prévoit désormais que des représentants des organismes représentatifs des communautés locales concernées siègent dans cette commission. Ceci afin d'exprimer l'avis du Grand conseil coutumier sur tous les projets d'exploitation aurifères.

8. L'éradication totale de l'orpaillage illégal dans les secteurs sud-ouest et sud-est de la Guyane.

Nous exigeons pour cela le renforcement du contrôle de la Zone à Accès Réglementée (ZAR) en territoire du Parc amazonien. Ceci doit se traduire par le rétablissement des postes fluviaux à Elahé et Camopi, contrôlés par les forces publiques ou militaires. De même les conditions d'accès doivent être réactualisées, et les autorisations délivrées par le Grand conseil coutumier. Ceci sur le modèle de la Fondation Nationale de l'Indien (FUNAI) au Brésil.

9. La création d'un collège au village Taluen, une antenne de collège au village Trois-Sauts, la réhabilitation urgente de l'internat de Maripasoula, la réhabilitation des écoles à Camopi, des logements enseignants et un internat à Camopi pour les enfants de Trois-Sauts, le renforcement des infrastructures scolaires et de transport gratuit en commune isolée, la construction de maisons d'accueil et d'internats sur le littoral. Ceci pour améliorer les conditions d'accueil et éviter la séparation brutale des enfants avec leur culture (propositions n°8, n°28 et n°29 du rapport parlementaire).

10. L'enseignement des langues autochtones ouvert de la maternelle à l'Université, la déprécarisation du statut d'Intervenant en langue maternelle (proposition n°9 du rapport parlementaire), ainsi que l'enseignement de l'Histoire des Autochtones dans les manuels d'Histoire de l'Education nationale en Guyane et en métropole.

11. La mise en œuvre immédiate de moyens réels par le Rectorat suite à l'annonce de la Ministre de l'Education Nationale sur l'ouverture de plusieurs écoles bilingues à parité horaire. Extension au niveau du collège.

12. La création d'un module de Droits des peuples Autochtones à l'Université de Guyane.

13. La création de Centres délocalisés de prévention et de soins (CDPS) dans chaque village Amérindien du Haut Maroni et du Haut-Oyapock. Le renforcement des moyens humains et matériels des CDPS existants, ainsi que des Centres médico- psychologiques (proposition n°1 du rapport parlementaire).

Former le personnel soignant à la culture des habitants du fleuve. Favoriser la formation et l'embauche d'agents de santé d'origine Amérindienne et Bushinengé (propositions n°12 et n°13 du rapport parlementaire).

Renforcer la Cellule régionale pour le mieux-être des populations de l'intérieur (CERMEPI) pour la mise en œuvre d'une véritable politique publique de prévention du suicide, de lutte contre les addictions, et de lutte contre le prosélytisme religieux. Ceci en collaboration avec des psychothérapeutes d'origine Amérindienne (proposition n°5).

La mise en place d'un COPIL plus régulier, composée d'acteurs institutionnels de l'Etat, du Grand conseil coutumier, d'acteurs associatifs et des organisations autochtones, afin d'assurer le suivi des 37 recommandations du rapport parlementaire sur le suicide (proposition n°16).

14. Lancer le processus de création d'une commune de plein exercice sur le Haut-Maroni (proposition n°35 du rapport parlementaire).

15. Ouverture d'une piste entre Taluen et Cayodé sur le Haut Maroni et désenclaver les villages par un réseau de transports fluviaux et routiers (proposition n°11 du rapport parlementaire). Ouverture de la piste d'aviation de Camopi et aménagement d'une piste à Trois-Sauts avec le consentement des habitants.

16. La mise en place rapide et effective de l'établissement public de coopération culturelle et environnementale, sous la présidence du Grand conseil coutumier.

- Nous contestons le report du décret d'application demandé par la CTG, et exigeons son application dès Juillet 2017

- Nous exigeons à ce que toutes les conventions portant sur des connaissances traditionnelles associées, adoptées par le Comité APA, soient suspendues dans l'attente d'être soumise à l'examen de l'EPCE.

- Nous exigeons le renforcement du Grand conseil coutumier. Le projet de décret du GCC doit fixer des moyens budgétaires équivalents à ceux des instances consultatives territoriales que sont le CESER. Les membres du GCC devront bénéficier du même régime indemnitaire que les membres du CESER.

17. La création d'une fondation reconnue d'utilité publique permettant de réunir des fonds de soutien public privé destinés à l'amélioration des conditions de vie des Autochtones (proposition n°10 du rapport parlementaire).

18. Des régimes de dérogation sur les prélèvements d'animaux et végétaux protégés pouvant servir à nos rituels sacrés ou à nos savoir-faire traditionnels.

19. La mise en place d'un jour férié local dénommé *Journée des peuples Autochtones de Guyane* conformément à la date de la journée internationale du même nom fixée par les Nations Unies le 9 août de chaque année. Ceci au même titre que l'abolition de l'esclavage.

20. Un mémorial à la mémoire du grand chef Amérindien Cépérou qui a résisté à la colonisation. Un mémorial au Jardin d'acclimatation à Paris à la mémoire de nos frères et sœurs décédés.

Avancées, craintes et nouvelle émergence des revendications autochtones

Le 19 avril 2017, le Collectif des Autochtones de Guyane dans un communiqué de presse annonçant la tenue des Etats généraux des peuples Amérindiens dénonça vivement le processus décisionnel *"imposé par le collectif Pou Lagwiyann dekolé réduisant le pôle autochtone à de la figuration et ne correspondant en rien au processus décisionnel libre et éclairé de nos peuples"*.

Dans le même communiqué, le Collectif des Autochtones de Guyane dénonce également *"la tentative de récupération idéologique de la mobilisation par le Collectif qui dévoile peu à peu ses intentions syndicalistes, autonomistes, voire indépendantistes"*.

"L'évolution statutaire de la Guyane nécessite un consensus appuyé d'une étude préalable sur l'impact de nos droits fondamentaux".

Les premiers Etats généraux des peuples Amérindiens se déroulèrent au Village Pierre à Saint-Laurent du Maroni du 19 au 21 avril 2017.

Si, à la veille des élections présidentielles françaises, l'important mouvement social guyanais et la signature des accords de Guyane[23] retinrent l'attention des grands médias hexagonaux, trente-trois ans après la première expression politique des Amérindiens de Guyane, la nouvelle émergence des revendications autochtones et les interrogations qu'elle pose sur la construction d'une « guyanité » qui se cherche, restent oubliées par la presse française alors que d'importants enjeux, fonciers et environnementaux en particulier, se jouent à partir de 2018 en Guyane.

Exploration offshore des multinationales du pétrole, méga-mine industrielle du projet russo-canadien Montagne d'or[24], les chefs coutumiers et les associations autochtones sont particulièrement vigilant(e)s aux atteintes à l'environnement : en décembre 2017, lors de la conférence des peuples autochtones de Guyane, treize chefs coutumiers réaffirmèrent leur opposition au projet

---

[23] Dans le cadre des accords de Guyane, le relevé de décisions du groupe de travail "communautés amérindiennes et bushinengés", a été signé par la Ministre des Outre-mer, Jean-Philippe Chambrier pour la FOAG, Alexandre Sommer pour l'ONAG, Christophe Pierre pour les Jeunesses Autochtones ainsi que Claudette Labonté et Jocelyn Therese.

[24] Le projet d'exploitation aurifère industrielle par les sociétés Colombus Gold et Nordgold sur le site Montagne d'Or, défendu dès 2015 par Emmanuel Macron, alors ministre de l'Economie, suscite une vive et large opposition. Le collectif Or de question regroupant plus d'une centaine d'ONG locales et nationales demande au gouvernement français l'arrêt immédiat des projets de méga-industrie minière. Depuis mars 2017, Nordgold du magnat russe Alexeï Mordachov contrôle 55,01% du projet Montagne d'or. La mise en œuvre de ce méga projet doit faire l'objet en 2018, de mars à juin, d'un débat public organisé par la Commission nationale du débat public (CNDP).

Montagne d'or et exigeaient un moratoire sur tous les projets miniers menaçant leurs territoires.

Longtemps attendu et prévu dans le cadre de la loi relative à l'égalité réelle outre-mer[25], le grand conseil coutumier des populations amérindiennes et bushinenges a été officiellement créé le 11 février 2018.

Parmi les 30 mesures actées par le suivi des accords de Guyane, une des deux meures engagées dans le domaine foncier concerne « l'attribution de 400 000 hectares aux peuples autochtones au travers de l'établissement public placé auprès du Grand Conseil coutumier des populations amérindiennes et bushinengués ».

Le 2 novembre 2017, lors d'une réunion de suivi des accords de Guyane et devant dix représentants des communautés amérindiennes et bushinengés, le Préfet de la Guyane[26] rappela que « l'attribution des 400 000 hectares nécessite une équité entre les 6 nations autochtones ».

La création d'un office foncier des populations amérindiennes, elle, est plus complexe encore : la mise

---

[25] Loi n° 2017-256 du 28 février 2017 de programmation relative à l'égalité réelle outre-mer et portant autres dispositions en matière sociale et économique.
[26] Patrice Faure. Source : Préfet de la Région Guyane, Secrétariat Général pour les Affaires Régionales, www.guyane.gouv.fr

en œuvre de l'établissement public qui gérera les 400 000 hectares, demande des amendements constitutionnels.

Références et repères bibliographiques

(CNCDH), Commission nationale consultative des droits de l'homme. 2017. Avis sur la place des peuples autochtones dans les territoires d'outre-mer de France. *http://www.cncdh.fr.* [En ligne] 23 février 2017. http://www.cncdh.fr/fr/publications/avis-sur-la-place-des-peuples-autochtones-dans-les-territoires-doutre-mer-de-france.

(GITPA), Groupe International de Travail pour les Peuples Autochtones. 2012. *gitpa.org.* [En ligne] 2012. [Citation : 17 02 2018.] Le Groupe International de Travail pour les Peuples Autochtones est membre institutionnel de l'International Work Group For Indigenous Affairs (IWGIA). http://www.gitpa.org/.

Appolinaire, Franck. *zigzagprod.* [En ligne] [Citation : 20 septembre 2016.] http://zigzagprod.fr/spip.php?article300.

Archimbaud, Aline et Chapdelaine, Marie-Anne. 2015. *Suicides des jeunes Amérindiens en Guyane française : 37 propositions pour enrayer ces drames et créer les conditions d'un mieux-être.* [http://fr.calameo.com/read/004427355e8853e7132dc] [éd.] République française. Assemblée nationale, Paris : s.n., 30 novembre 2015.

—. 2016. *Suicides des jeunes amérindiens en Guyane française : Un an après, où en est-on ?* [http://fr.calameo.com/read/004427355c5dcac1219d0] [éd.] République française. [prod.] Sénat. Paris : s.n., 30 novembre 2016. Actes du colloque du 30 novembre 2016 au Palais du Luxembourg.

Arnoux, Irma. 1996. Les Amérindiens dans le département de la Guyane : problèmes juridiques et politiques. *Revue du droit public, 6, pp. 1615-1652.* 1996.

Ayangma, Stanislas. 2008. *Représentation politique et évolution territoriale des communautés amérindiennes en Guyane française.* [éd.] L'Espace politique. 2008. L'Espace Politique [En ligne], 6 | 2008-3, mis en ligne le 02 avril 2008,.

Belkacemi, Nadia. 1999. Les autochtones français : populations ou peuples ? In Les autochtones de l'outre-mer français. [éd.] L'Harmattan. *Droit et cultures, 37 (1), pp. 25-52.* 1999, ISBN : 2-7384-7528-0.

Bellier, Irène. 2009. Global Challenge A propos de L'Occident décroché. *Civilisations.* 2009, 58-1.

—. Identité globalisée et droits collectifs : les enjeux des peuples autochtones dans la constellation onusienne. *Autrepart, 38, pp. 99-118.* DOI : 10.3917/autr.038.0099.

—. **2014.** Perfomativité de la Déclaration des droits des peuples autochtones. *revues.mshparisnord.org.* [En ligne] 2014. [Citation : 16 10 2016.] http://revues.mshparisnord.org/cultureskairos/index.php?id=96 0.

—. **2013.** *Peuples autochtones dans le monde. Les enjeux de la reconnaissance.* Paris : L'Harmattan, 2013. Ouvrage collectif issu d'un colloque international consacré aux peuples autochtones, à leur reconnaissance et à l'autodétermination.. ISBN : 978-2-343-01120-2.

**Bellier, Irène, Charters, Claire et Stavenhagen, Rodolfo.
2013.** *La Déclaration des Droits des Peuples Autochtones, Genèse, enjeux et perspectives de mise en œuvre.* Paris : L'Harmattan, 2013. ISBN: 978-2-336-30514-1.

Chalifoux, Jean-Jacques. 1992. Ethnicité, pouvoir et développement politique chez les Galibis de la Guyane française. [éd.] Université Laval. *revue Anthropologie et Sociétés.* Anthropologie et Sociétés, 1992, Vol. 16, 3, pp. 37-54. Une édition électronique est disponible sur le site de l'université du Québec à Chicoutimi à cette adresse http://classiques.uqac.ca/contemporains/chalifoux_jean_jacques/ethnicite_pouvoir_devel_pol/ethnicite_pouvoir_devel_pol.html .

Charters, Claire et Stavenhagen, Rodolfo. 2013. *La Déclaration des Nations unies sur les droits des peuples autochtones. Genèse, enjeux et perspectives de mise en œuvre.* Paris : L'Harmattan, collection Horizons Autochtones, 2013. ISBN: 978-2-336-30514-1.

Collomb, Gérard. 1999. *« Entre ethnicité et national : A propos de la Guyane ».* [URL : http://journals.openedition.org/socio-anthropologie/113 ;] 1999. mis en ligne le 15 janvier 2003, consulté le 13 février 2018. . DOI : 10.4000/socio-anthropologie.113.

—. **1997.** *« La question "amérindienne" en Guyane. Formation d'un espace politique ».* Paris : Colin, 1997. Vol. in M Abélès., H.-P Jeudy (dirs.) Anthropologie du politique.

—. **2001.** De l'indien à l'indigène. L'internationalisation des luttes amérindiennes en guyane et les enjeux de l'autochtonie. In

Recherches amérindiennes au Québec, 2001, Vol. XXXI, 31 (3), pp. 37-47.

Collomb, Gérard et Mam Lam Fouck, Serge. 2016. *Mobilités, ethnicités, diversité culturelle : la Guyane entre Surinam et Brésil.* Matoury : Ibis rouge éditions, 2016. ISBN: 978-2-37520-524-2.

Collomb, Gérard. 1992. *Kali'na des amérindiens à Paris Photographies du prince Roland bonaparte.* Paris : Créaphis éditions, 1992. Préface de Félix Tiouka. ISBN 2-907150-31-6.

Davy, Damien et Filoche, Geoffroy. 2014. *Zones de Droits d'Usage Collectifs, Concessions et Cessions en Guyane française : Bilan et perspectives 25 ans après.* CNRS Guyane, USR 3456, Observatoire Hommes-Milieux Oyapock. Cayenne : s.n., 2014.

Descola, Philippe. 2011. *L'écologie des autres L'anthropologie et la question de la nature.* Versailles : Editons Quae - collection sciences en questions, 2011. ISBN 978-2-7592-2466-1.

—. 2005. *Par-delà nature et culture.* Paris : Gallimard, Collection Folio essais, 2005. ISBN 978-2-07-046587-3.

Dewewer-Plana, Miquel. 2017. *D'une rive à l'autre.* s.l. : Blume, Artem & Cetera, 2017. 978 29 56115 50 2.

Doussan, Isabelle, Aubertin, Catherine,Biber-Klemm, Susette, Feldmann, Philippe et Filoche, Geoffroy. 2010. *Rapport de mission Guyane, In Pertinence et faisabilité des dispositifs d'accès et de partage des avantages en Outre-mer sur les ressources génétiques et les connaissances traditionnelles associées.* Commissariat général au développement durable – Service de l'économie, de l'évaluation et de l'intégration du développement durable. 2010. In Études & documents, n° 48, Septembre 2011.

Filoche, Geoffroy. 2011. *Les Amérindiens de Guyane française, de reconnaissances disparates en bricolages juridiques. L'exemple des Kali'na d'Awala-Yalimapo.* [[En ligne], 97-2 | 2011, mis en ligne le 15 mars 2012, consulté le 10 février 2018. URL : http://journals.openedition.org/jsa/11857] [éd.] Journal de la société des américanistes. s.l. : Journal de la Société des Américanistes , 97 (2), 2011.

Filoche, Geoffroy, Davy, Damien, Guignier, Armelle et Armanville, Françoise. 2016. *Le droit foncier chez les populations amérindiennes de Guyane française : entre acceptation et conflits.* [éd.] Association française pour l'histoire de la Justice. Histoire de la Justice (N°26). 2016. p. 310. ISBN : 9782110100542.

Garde, François. 1999. Les autochtones et la République. *Revue française de droit administratif, 15 (1), pp. 1-13.* 1999.

Gery, Yves, Mathieu, Alexandra et Gruner, Christophe. 2014. *Les Abandonnés de la République Vie et mort des Amérindiens de Guyane française.* Paris : Albin Michel, 2014. ISBN 9782226256959.

Grenand, Françoise et Grenand, Pierre. 1979. Les amérindiens de Guyane française aujourd'hui : éléments de compréhension. *In: Journal de la société des américanistes.* 1979, 66, pp. 361-382. Disponible en ligne sur le site persee.fr à cette adresse : http://www.persee.fr/doc/jsa_0037-9174_1979_num_66_1_3041.

Grenand, Françoise, Bahuchet Serge et Grenand Pierre. Environnement et sociétés en Guyane française : des ambiguïtés d'application des lois républicaines. *Revue internationale des sciences sociales, 187 (1), pp. 53-62.* DOI : 10.3917/riss.187.0053.

Grenand, Pierre. 1992. *Y-a-t-il encore des sauvages en Amérique ? Libres propos d'anthropologues sur les Amérindiens de Guyane.* [http://www.documentation.ird.fr/hor/fdi:40668] [éd.] Journal de la Société des Américanistes. 1992. Téléchargeable au format pdf à cette adresse : http://horizon.documentation.ird.fr/exl-doc/pleins_textes/pleins_textes_6/b_fdi_35-36/40668.pdf.

Hurault, Jean. 1972. *Français et Indiens en Guyane.* Paris : Union Générale d'Editions, coll.10/18, série 7., 1972.

—. **1965.** *La population des Indiens de la Guyane Française.* Paris : Population, Ined, 1965.

Jolivet, Marie-José. 1982. *La question créole. Essai de sociologie sur la Guyane Française.* Paris : Editions de l'Office de la Recherche Scientifique et Technique d'Outre-Mer, 1982.

Lumeau, René et Berten, Ignace. 1991. *Les Rendez-vous de Saint-Domingue, les enjeux d'un anniversaire, 1492-1992.* s.l. : Centurion, 1991.

Mam Lam Fouck, Serge et Anakesa, Apollinaire. 2013. *Nouvelle histoire de la Guyane.* Matoury : Ibis rouge éditions, 2013. ISBN: 978-2-84450-428-9.

Mam Lam Fouck, Serge et Hidair, Isabelle. 2011. *La question du Patrimoine en Guyane.* Cayenne : Ibis rouge éditions, 2011. ISBN: 978-2-84450-406-7.

Mam-Lam-Fouck, Serge. 1992. *Histoire de la Guyane contemporaine (1940-1982). Les mutations économiques, sociales et politiques.* Paris : Editions caribéennes, , 1992.

Merlet, Rachel,Edouard, Florencine, Chambrier, Jean-Philippe et Pierre, Christophe. 2017. Monde Autochtone 2017, Rapport sur la Guyane française. *GITPA.* [En ligne] 2017. [Citation : 17 02 2018.] http://gitpa.org/web/GUYANE%20FRANCAISE%20FINAL.pdf.

ONU. 2007. Organisation des Nations Ubies. *un.org.* [En ligne] 2007. http://www.un.org/press/fr/2007/AG10612.doc.htm.

ONU, Délégation française. 2007. Déclaration interprétative de la France. *gitpa.org.* [En ligne] 2007. [Citation : 16 10 2016.] http://www.gitpa.org/Dvd/pj/GUYANE/GUYC4_2.pdf.

Réponse du Ministère des affaires étrangères. **Sénat. 2013.** s.l. : Journal officiel Sénat du 26/12/2013, 2013.

Rouland, Norbert. 1996. *Être Amérindien en Guyane française : de quel droit ?* 1996. Revue française de droit constitutionnel, 27, pp. 495-522..

Thabouillot, Gérard. 2016. *Le territoire de l'Inini 1930-1969.* Matoury : Ibis rouge éditions, 2016. ISBN: 978-2-37520-505-1.

Tiouka, Alexis. 2002. *Droits collectifs des peuples autochtones. Le cas des Amérindiens de Guyane française.* 2002. in Isabelle Schulte-Tenckhoff (éd.), Altérité et droit. Contributions à l'étude des rapports entre droit et culture, Bruylant, Bruxelles, pp. 241-262..

—. **2013.** La Question du droit coutumier. *www.blada.com.* [En ligne] août 2013. https://www.blada.com/chroniques/2013/9587-La_Question_du_droit_coutumier.htm.

—. **2017.** *Le contexte juridique international des droits des peuples autochtones.* s.l. : Editions universitaires européennes, 2017. 978 3 330 87112 0.

—. **2012.** *Mémento à l'intention de François Hollande sur la situation et les droits des peuples autochtones de Guyane.* 2012.

—. **2013.** *Repenser la question des droits coutumiers en Guyane: Vers une définition dynamique des droits coutumiers et du droit à la prise de décisions des peuples autochtones.* [http://alexistiouka.blogspot.fr/2013/02/repenser-la-question-des-droits.html] 8 février 2013.

—. **2013.** *Une prise de décision difficile à mettre en oeuvre. Les peuples autochtones et le droit français.* [http://alexistiouka.blogspot.fr/2013/01/une-prise-de-decision-difficile-mettre.html] 18 janvier 2013.

Tiouka, Alexis, Ferrarini, Hélène. 2017. *Petit guerrier pour la paix.* Matoury : Ibis rouge éditions , 2017. ISBN: 978-2-37520-533-4.

Tiouka, Félix. 1985. Adresse au gouvernement et au peuple français (9 décembre 1984). *In Revue Ethnies.* Survival International (France), 1985, 1-2. L'intégralité de ce document figure en annexe 1 du présent ouvrage.

Tiouka, Félix et Collomb, Gérard. 2000. *Na'na kali'na, une histoire des Kali'na en Guyane.* Matoury : Ibis rouge éditions, 2000. ISBN: 978-2-84450-068-7.

Todorov, Tzvetan. 1982. *La conquête de l'Amérique - La question de l'Autre.* Paris : Editions du Seuil, 1982. ISBN 2-02-006147-3.

UNESCO. 1992. *Destins croisés Cinq siècles de rencontres avec les Amérindiens.* Paris : Albin Michel - UNESCO, 1992. 2-226-05968-7.

Wyngaarde, Brigitte. 2013. Les peuples autochtones et leurs droits à la terre. *www.blada.com.* [En ligne] août 2013. [Citation : 13 fevrier 2018.] https://www.blada.com/chroniques/2013/9585-Les_peuples_autochtones_et_leurs_droits_a_la_terre.htm.

Remerciements

A la famille de Thomas Appolinaire et tout particulièrement à ses enfants, Aurore, Bianca, Kulanon et Awcé, dont la confiance bienveillante a permis que ce livre existe.

A Félix Tiouka pour sa patiente amitié.

A Alexis Tiouka pour ses travaux sur le droit humain et le droit des peuples autochtones.

A Agnès Magnien et Pascal Rozat de la direction déléguée aux Collections de l'Institut national de l'audiovisuel (Ina), qui ont grandement facilité la réception des entretiens filmés avec Félix Tiouka et Thomas Appolinaire dans les collections du patrimoine audiovisuel français.

A toute l'équipe municipale de la commune d'Awala-Yalimapo, à ses autorités coutumières et à son maire, Jean-Paul Fereira, pour leur confiance et leurs encouragements.

A Emilie Arraudeau, Eric Patris, Jean-Pierre Santini et Xavier Casanova pour leurs amicales et précieuses contributions.

Table des matières